世界历史

（图文版）

吴于廑　著

中国大百科全书出版社

图书在版编目（CIP）数据

世界历史：图文版 / 吴于廑著 — 北京：中国大百科全书出版社，2014.1（2020.5重印）
（中国大百科全书. 名家文库）
ISBN 978-7-5000-9304-6

Ⅰ.①世… Ⅱ.①吴… Ⅲ.①世界史—通俗读物 Ⅳ.①K109

中国版本图书馆CIP数据核字（2013）第315339号

总 策 划　龚　莉
策划编辑　赵　焱
责任编辑　赵　焱
图片来源　中国大百科全书出版社图片中心
封面设计　谭德毅
责任印制　魏　婷

中国大百科全书出版社出版发行

（北京阜成门北大街17号　　邮政编码：100037　　电话：010-88390628）

http：//www.ecph.com.cn

新华书店经销

北京亚细安文化发展有限公司排版、设计

保定市正大印刷有限公司

开本：720×1020　1/16　印张：9　字数：100千字

2014年1月第1版　2020年5月第4次印刷

ISBN 978-7-5000-9304-6

定价：26.00元

　　《中国大百科全书》全面介绍了人类已有知识，被誉为
"中国现代最伟大的文化工程"、"一切才智之士的知识背
景"。全书是中国大百科全书总编辑委员会和中国大百科全
书出版社先后组织的三万余名专家学者智慧的结晶，其中汇
聚了各个领域的名家巨匠。这些名家所撰写的各类条目，为
我们留下了弥足珍贵的记忆，甚至许多名家的文字已成为时
代的绝响。这些名家所撰写的知识主题涉及各个领域，他们
以精当简洁的文字，系统概括了一门学科的全貌，虽然篇幅
短小，但充满深厚的学识积淀。

　　今天，为了让名家们的智慧成果惠及更多在快节奏社会
生活中奔波的学子和大众读者，我们特编辑出版了《中国大
百科全书·名家文库》系列。图书的主体是名家为《中国大
百科全书》撰写的某一知识门类的概观性文章或某一学科领

域重要的条目。此外，为使图书更具普及性及观赏性，编辑根据原文的发展脉络，提取了相关的政治、经济、历史、军事、科技、文化、宗教、地理及人物、传说、事件、著作等诸多知识点，作为知识链接，通过对正文知识点和背景知识的补充说明，帮助读者加深对名家文字的理解，并在版式上将正文中的链接知识点及链接注释文字，以同种颜色表示，其他趣味性、历史性等知识点也以另色字体表示，以利于读者识别和阅读。另外，还配以体现当时历史风貌或与正文、链接文字相关的图片，从图、文两方面辅助读者阅读，并作以适当知识延展。而这些知识链接的补充说明也大部分取自《中国大百科全书》这一浩瀚的知识宝库。可以说，《中国大百科全书·名家文库》是将百科全书通俗化、深入大众并适应时代潮流的一种有意义的探索和尝试。我们希望，通过名家文字的引领，能帮助读者找到通往智慧之门的捷径，并通过形象、通俗的图文形式，让读者享受到知识所带来的愉悦。

目 录

世界历史

世界历史是历史学的一门重要分支学科，内容为对人类历史自原始、孤立、分散的人群发展为全世界成一密切联系整体的过程进行系统探讨和阐述。世界历史学科的主要任务是以世界全局的观点，综合考察各地区、各国、各民族的历史，运用相关学科如文化人类学、考古学的成果，研究和阐明人类历史的演变，揭示演变的规律和趋向。

在中国，约从 20 世纪 50 年代初开始，主要由于历史专业的分工，人们习惯于把中国史和世界史对举，几乎把世界历史作为外国历史的代称。实际上，世界历史绝非把中国历史排除在外的域外史，而中国历史也和所有其他国家历史一样，是人类历史发展为世界历史全过程的组成部分。

关于世界历史的分期，至今还没有完全一致的意见。早在文艺复兴时期，西方就已有了把历史分为"古代"、"中世纪"和"近代"的说法。这种主要基于欧洲历史的分期，在西方史学界长期沿用。有不少史学家又在三时期之后加上"当代"或"现代"，从而形成四阶段分期法。马克思主义史学也采用四阶段分期法，其基础是历史唯物主义关于社会经济形态发展的理论，与以政治兴替或其他"重大事件"为分期标准者有本质的不同。马克思主

◇ 希腊雅典巴特农神庙

◇《港湾与美第奇别墅》（油画，法国画家克劳德·洛兰，1637年）。佛罗伦萨是欧洲文艺复兴的发源地。15～18世纪中期，佛罗伦萨的历史与当地巨商美第奇家族的兴衰紧密相关。

文艺复兴

　　14～16世纪反映西欧各国正在形成中的资产阶级要求的思想、文化运动。其主要中心，最初在意大利，16世纪扩及德意志、尼德兰、英国、法国和西班牙等地。"文艺复兴"的概念在14～16世纪时已被意大利的人文主义作家和学者所使用。该词源自意大利语 Rinascita，意为再生或复兴。14世纪，新兴资产阶级视中世纪文化为黑暗倒退，希腊、罗马古典文化则是光明发达的典范，力图复兴古典文化，遂产生"文艺复兴"一词，作为新文化的美称。这种提法在诗人 F.彼特拉克和小说家 G.薄伽丘的作品中已经出现。1550年，G.瓦萨里在其《艺苑名人传》中，正式使用它作为新文化的名称。此词经法语转写为 Renaissance，被世界各国沿用至今。当时人们认为，文艺在希腊、罗马古典时代曾高度繁荣，但在中世纪"黑暗时代"却衰败湮没，直到14世纪以后才获得"复兴"。但它并非单纯的古典复兴，实际上是反封建的新文化的创造。文艺复兴主要表现在科学、文学和艺术的普遍高涨，但因各国的社会经济和历史条件不同，在各国带有各自的特征。

义历史学家对世界史的分期，一般都以"古代"相当于原始社会及奴隶社会阶段，"中世纪"相当于封建社会阶段，"近代"相当于资本主义社会阶段，而"现代"则是指以俄国十月社会主义革命为开端的一个新的时期。有的学者认为"中世纪"一词只适用于西欧历史，没有世界历史上的普遍意义，所以改用"中古"一词标示"古代"和"近代"之间的阶段。这种分期法从理论上说是完全可行的。但是人类历史的发展并不平衡，世界各不同地区进入某一社会经济形态有早有迟，在某一社会经济形态中经历的时间也有长有短。特别是自历史进入文明时期以后，很少看到绝对纯粹属于这一阶段或那一阶段的社会经济形态，也很少看到绝对整齐的、单一发展的由低级社会经济形态逐层向高级社会经济形态的过渡。因此在世界史的分期断限问题上，目前仍然存在着分歧。

◇ 手执《神曲》的但丁。但丁的不朽名作《神曲》以恢弘的篇章描写诗人在地狱、净界和天堂的幻游，虽然仍以基督教的宗教观念为依归，文艺复兴的新思想却是其精华与主流。但丁借神游三界的故事描写现实生活和各色人物，抨击教会的贪婪腐化和封建统治的黑暗残暴；同时以佛罗伦萨市民的思想感情要求人们关心现实生活，积极参与政治。他强调人的"自由意志"，反对封建教会宣扬的宗教宿命论，歌颂有远大抱负和坚毅刚强的英雄豪杰，从而表现了新的人文主义思想的曙光。

古今历史学家
对世界历史的不同认识

  远在古代，历史学家就已经把记述历史的范围扩大到他们当时已知的世界。由于世界历史在当时还远没有像后代那样形成一门专门的学科，即使是视野扩及全部已知世界的历史学家，一般也不会对所写历史标名为世界历史，也不会完全意识到是在写作当时已知世界的历史。但是，他们毕竟把已知的地理范围视为一个世界，并且把发生在这个范围内的历史记录了下来。在这个意义

希罗多德（约前484～约前430至前420）

  希罗多德被誉为"历史之父"，是出生于小亚细亚的希腊人。其代表作《历史》(《希波战争史》)记述了希波战争前后的丰富历史内容，被认为是西方最早的一部真正的历史著作。他通过亲身游历和实地调查获得了大量资料，他对史诗、档案、石刻碑铭和当时著作的引用为后世保存了大量亡佚的史料。可以说，希罗多德和他的《历史》是西方史学的第一座丰碑。

◇ 希罗多德像

上，他们为这个已知地理范围所写的历史，就是他们各自所处时代的世界历史。

　　古希腊历史学家希罗多德所著《历史》9卷，主题在于记述希波战争中希腊人的胜利，但其涉及的范围，包括地中海地区、多瑙河外、两河流域、波斯，以及在此以北的草原地带，这大体上就是希腊人当时所知道的世界。因此可以说，希罗多德的《历史》，就是当时希腊人已知世界的历史。比希罗多德晚出的中国古代历史学家司马迁所

希波战争

　　公元前5世纪上半叶古代波斯帝国为扩张版图而入侵希腊的战争。波斯军队先后三次入侵希腊：第一次（前492），大流士一世派马多尼乌斯率军远征希腊，因陆军在色雷斯受阻、海军遭遇风暴而返回；第二次（前490），大流士一世派达提斯率军横渡爱琴海，马拉松一战失败后退回；第三次（前480），薛西斯一世率军进攻希腊，海陆军皆遭败绩。前449年，希腊军队在塞浦路斯的萨拉米斯城附近打败波斯军，迫使波斯签订《卡利亚斯和约》，承认希腊城邦的独立，并将其军队撤出爱琴海与黑海地区。

◇ 马拉松战役。公元前490年，古希腊城邦和波斯军队在雅典东北马拉松平原进行的一次会战，以波斯战败告终。这是希腊军队首次取得的重大胜利，也是历史上以少胜多的著名战例，不仅消除了波斯第二次远征的威胁，而且对希波战争的整个进程也具有重大意义，对团结雅典民主力量和加强希腊各城邦政治军事同盟起了重要作用。

著《史记》，全书的主体是汉天子统治之下的中国。但其所记史事的地理范围，却扩及公元前 2 世纪中国人所知道的世界。司马迁沿用中国古代的习惯说法，笼统地称这个已知的世界为"天下"。这个"天下"东起朝鲜，西迄大夏、安息，几乎是亚欧大陆的一半。对于为这样一个广阔的地

大夏

中亚古国。又译作"吐火罗"、"覩货罗"、"吐火罗斯坦"。大夏故地在中国西北地区，大夏人生活中心大致在今新疆和田一带，属东伊朗人种。大夏很早就与中原地区有交往，古籍中对其多有记载。公元前 174～前 161 年，伊塞克湖东岸和伊犁河上游流域的塞种部落受大月氏第一次西迁的冲击，向南迁徙。途中与大夏发生冲突。战败的大夏人除一部分傍南山（今阿尔金山、祁连山山脉）东逃，进入陇西洮河流域外（汉时曾在此置大夏县），大部向西迁徙，翻越葱岭（今帕米尔高原）后进入中亚阿姆河以北地区，与同样受大月氏冲击而从伊塞克湖以西迁徙至此的塞种部落汇合。约在公元前 145 年，他们同一部分塞人冲过阿姆河，占据巴克特里亚（今阿姆河与兴都库什山之间的地区），将盘踞此地两百余年的中亚希腊人逐往兴都库什山以南地区。公元前 128 年，张骞出使大月氏至阿姆河时，见大夏人定居巴克特里亚，遂以"大夏"之名称呼之，后来的西方史家和阿拉伯人则称之为"吐火罗斯坦"。大夏人在巴克特里亚安顿不久，就被第二次西迁而来的大月氏征服。

大夏人为半农半牧者，有自己的语言。20 世纪初，在新疆库车、龟兹发现一种古语言，曾一度被认为是吐火罗语。近年来，在巴克特里亚发现一种属中古波斯语的地方方言，书写时借用希腊字母。一些学者认为这才是大夏人的语言，故称之为"真正吐火罗语"。另有一说主张大夏人为巴克特里亚土著，"大夏"即巴克特里亚王国之异称。

◇《张骞出使西域》（甘肃敦煌莫高窟第323窟壁画）

理范围记载史事的史书，把它视为一部当时中国人已知世界的历史，看来并不为过。罗马时代的希腊人波利比奥斯著有《历史》40卷，现存前5卷及一些残篇，记述的中心是正在扩张中的罗马。但中心之外，所记范围还包括公元前212～前146年期间地中海的周边世界。波利比奥斯在《历史》的第1卷第3节中说，他以第140届奥林匹克

波利比奥斯（前200～约前118）

古代希腊历史学家。生于伯罗奔尼撒半岛的麦加洛波利斯。年轻时即跻身政界。公元前169年任阿哈伊亚同盟骑兵长官。第三次马其顿战争（前171～前168）后，作为阿哈伊亚同盟的人质前往罗马。在罗马，深得西庇阿家族的宠信，成为名将西庇阿·埃米利阿努斯，即小西庇阿的朋友，曾随之远征迦太基。约公元前150年回到故乡。

波利比奥斯阅历丰富，游历过地中海沿岸许多地方。著述甚丰，但流传至今的只有《通史》一书。全书40卷，现仅存前5卷及其他各卷片断。该书第1～2卷是导论，综述公元前264～前220年的历史；其余各卷主要记述公元前220～前146年地中海地区希腊、马其顿、埃及、迦太基、罗马等国的政治和军事史，着力探求罗马勃兴并迅速征服邻近诸国的原因，十分推崇罗马的政治制度。波利比奥斯是其历史著作中许多事件的亲身经历者。他重视史料的准确性，对一些重要历史事件的发生地作过实地调查，有广阔的视野和求实精神，因此《通史》一书为后世所重视。

大会（前220～前216）为全书叙述的起点，在此以前，"世界上的行动是分散的"，而在此以后，"意大利、阿非利加同希腊、亚细亚的局势联结了起来"，由此"历史就成为一个有机的整体"。波里比奥斯对当时罗马周围世界由分散而联系为一的历史认识，十分可贵。

随着生产和交往的发展，人们所能知道的世界的范围日益扩大。但是历史家笔下的世界，却受到这样或那样的局限。4世纪基督教神学家圣·奥古斯丁关于历史的终极是"上帝之国"在人间实现的思想，支配着中古时代的西欧史学。基督教史学的世界，等于基督教传播所及的世界。这个世界以欧洲为主体，外于此者，按基督教教理，除了圣地巴勒斯坦，是应受天谴的异教土壤，理

圣·奥古斯丁（354～430）

古罗马帝国晚期的基督教哲学家，也是欧洲中世纪基督教神学的重要代表。他的主要贡献是关于基督教的哲学论证。他改造了柏拉图的思想，将哲学论证服务于神学教义，赋予上帝权威以绝对的基础。其理论成为宗教改革中救赎和恩典思想的源头，代表作有《忏悔录》、《论三位一体》、《上帝之城》、《论自由意志》等。

◇ 圣·奥古斯丁像

应排斥在沐受神恩的这个世界之外。因此，中古欧洲的所谓世界历史，实际上是起自上帝创世，以希伯来为序幕，以欧洲为主体的基督教世界的历史。12世纪德意志历史家弗赖辛的主教奥托所作《年代记》是这一类历史著作的代表。以此为代表的世界史观，在欧洲一直沿续到17、18世纪。法国人J.B.博叙埃（1627～1704）所著《世界历史通义》以及A.A.卡尔梅特（1672～1757）所著《教俗世界史》均属此类。

奥托（约1114～1158）

德国弗赖辛的主教，也是"中世纪最伟大的历史学家"。他熟读亚里士多德和圣·奥古斯丁的著述，立志继续圣·奥古斯丁的事业。代表作《年代记》（又作《编年史》、《双城史》）按照《上帝之城》的模式写成，体现着中世纪的宗教激情。其他如《皇帝腓特烈一世的事业》等人物传记也因客观中肯的风格受到世人的重视。总的来说，奥托的史著虽显荒谬但有着突出的史料价值，最难能可贵的是他第一次在著述中体现了世界历史联系的概念。

◇ 奥托像

中古时代与基督教世界并立的是伊斯兰世界。伊斯兰历史学家在编纂他们当时已知的世界历史时，和同一时代基督教历史学家一样，往往也受宗教意识的支配。塔巴里（838～923）所著《历代先知与帝王年代记》，伊本·赫

10

◇ 《三位一体的朝拜》（油画）。画面正中为扶住耶稣的圣父，左边为圣母玛利亚带领的一群殉道者，右侧为圣胡安·包蒂斯塔和男女先知，画面下方是前来朝拜三圣的教徒、国王。

基督教

　　基督教是以信仰耶稣基督为救世主的宗教，有天主教、新教、东正教等教派。基督教发源于公元 1 世纪的巴勒斯坦地区的犹太人社会，《圣经》是基督教的经典，由《旧约》与《新约》组成——《旧约》继承自犹太教，《新约》是耶稣基督以及其使徒的言行和故事的记录。基督教以信仰上帝为核心，其基本教义是：上帝创造天地万物；耶稣按上帝旨意降身人间，被钉死在十字架后又复活升天，成为基督；圣父、圣子、圣灵三位一体；人类由于亚当犯罪（原罪）和本人犯罪（本罪）而不能自救，耶稣之死担当了罪过，信徒和灵魂得到拯救；人都接受神的审判，善者升天堂，恶者入地狱。

勒敦 (1332 ～ 1405) 所著《阿拉伯人、波斯人及柏柏尔人史》，都以当时最渊博的"世界史"著作见称，其内容则是以信奉伊斯兰教的阿拉伯诸国为主体。伊斯兰历史学家心目中的世界，实际是伊斯兰教传播所及的世界。其周围地区，不过是这个世界的化外而已。

中国自司马迁之后，从班固的《汉书》开始，所修的正史都属中国的断代史。但是历代史家大都继承了司马迁的传统，在撰写本国史的同时，还记叙了其他国家和民族的历史。他们著述的范围固然详于本国，薄于"蛮夷"，但毕竟包括了同时代已知的世界。而且，与中古西方基

蛮夷

古代华夏族群居于中原，文明程度领先于周边族群，因此逐渐产生了华夷之辨的意识，即以文明礼俗而不是种族为标准来分辨族群的意识。合于华夏礼俗文明的为华、夏、华夏或中国，不合的为夷、蛮夷等。从地理位置上说，华夏位居中央，四周有"四夷"，即东夷、南蛮、西戎、北狄。直到近代，居于天朝上国迷梦的封建统治者仍将其他国家和地区称为蛮夷。

督教史学不同，中国史学著作所记述的是以人为主体的活动，人在一定社会环境里的个体和群体的活动，可以称做以人为本的历史。它们所记叙的世界或"天下"，是个体或群体的人从事活动的世界或"天下"。这种把当时已知世界历史视为人的活动过程而非神意展现过程的思想，是中国古代史学的优良传统。

在 15、16 世纪人类对世界的认识空前扩展之前，历史学家们所写的已知世界的历史，无论是古代的还是中古

◇ 十字军攻打耶路撒冷（1099）

时代的，无论是东方的还是西方的，都存在着局限，首先是地理知识上的局限。当时历史学家所知道的世界，远非16世纪以后人们所知道的世界：或者是地中海周围，或者是亚洲东部和中部，或者是亚欧大陆及其附近的北非等等，总之，不出世界的某一局部。因此，他们没有也不可能写作包括全部世界在内的世界历史。其次是民族或宗教意识上的局限。历史学家把属于本民族的或属于同一宗教地区的历史作为历史的主体或中心，忽视或蔑视即使已有所知的异族或异教地区的历史。于是或以罗马为中心，或以汉帝国为中心，或以基督教世界为中心，或以伊斯兰教世界为中心，以及如是等等。就中古西欧史学和阿拉伯史学而言，所受宗教意识的局限尤为明显。

　　具有近代意义的世界历史著述开始于西欧文艺复兴时期和稍后的启蒙运动时期。这是与资本主义生产方式在西

◇ 启蒙运动法国百科全书派群像

启蒙运动

　　启蒙运动通常指17、18世纪欧洲的一场反封建、反教会的思想文化运动。在法语中，"启蒙"的本意是指"光明"。当时先进的思想家认为应该用理性之光驱散黑暗，把黑暗中的人们引向光明。启蒙运动覆盖了自然科学、哲学、伦理学、政治学、经济学、历史学、文学、教育学等，为资产阶级革命作了思想准备和舆论宣传。启蒙时代的学者不再以宗教辅助文学与艺术复兴，而是力图以经验加理性思考而使知识能脱离宗教的影响。代表人物有孟德斯鸠、伏尔泰、狄德罗、卢梭、洛克等。

欧的发生和迅速发展以及由此出现的在经济、政治和思想文化上一系列历史性的重大转折相联系的。15、16世纪以后海上交通的空前发展，东西方之间和各大陆之间闭塞状态的打破，大大丰富了人们的地理知识，使人们对世界的认识大为开阔。对中世纪教会和神学思想的批判以及近代自然科学的发展，又逐步把人们从宗教思想束缚中解放出来。这些都为西方近代资产阶级历史学家克服前人的某些局限，把世界历史著述推向一个新的阶段创造了条件。

文艺复兴时期威尼斯人文主义历史学家 A. 萨贝利科 (1436～1506) 著《恩奈阿德》，记述了古代到16世纪的世界历史。这是具有近代意义的世界史著述的开端，特点是一反欧洲中世纪史学的神本思想，开始把世界历史理解为一个世俗的、以人为本的演变过程。到了18世纪，法国启蒙思想家伏尔泰著《风教通义》(或译《论各民族的风格与精神》)，不仅进一步突破基督教神学对史学的束缚，而且突破自古以来传统史学以局部世界为全部世界的局限，试图勾画一幅新的、完整的世界历史图景。从纵的方面说，伏尔泰废洪水创世之说，从他当时认为最远古的中国讲起。从横的方面说，他跨出欧洲的狭隘范围，把欧、亚、非、美几个大洲的国家和民族都写入历史。他嘲讽西方的传统史学，说"历史号为世界史"，而实际是"在我们西方造作的"。在这些方面，伏尔泰确实为后来世界史的编著开辟了道路。

继此之后，德意志受启蒙运动理性主义思潮影响的格丁根学派历史学家，也致力于世界历史的著述，如 J.C. 加特勒尔 (1727～1799) 的《世界历史要览》以及 A.L.von 施勒策尔 (1735～1809) 的《世界历史概略》等等。19

伏尔泰（1694～1778）

　　18世纪法国启蒙思想家、文学家、史学家。原名弗朗索瓦·马里·阿鲁埃。生于巴黎一中产阶级家庭。中学毕业后即从事文学写作。1718年发表第一部悲剧《奥狄浦斯王》一举成名，从此用伏尔泰笔名。1726～1729年旅居英国，结交上层文人和政治家，考察政治制度，深受 I. 牛顿、J. 洛克的科学、哲学思想影响。回国后宣传英国社会制度与自由思想，1734年他的《哲学书简》曾被取缔焚毁，于是远离巴黎，在锡雷村居住15年，潜心著述。40年代起受到朝廷重视。1745年被委任法兰西史官，1746年当选法兰西学院院士。最后20年定居法国、瑞士边境费内庄园，从事写作和创办学校，还开垦荒地，建立手表工场等。伏尔泰去世后，1791年7月法国制宪议会将他的遗骸隆重迁至先贤祠。

◇ 伏尔泰像

　　伏尔泰具有多方面兴趣与才能，著作范围涉及自然科学、哲学、历史、戏剧、诗歌（全集达52卷），擅长于哲理小说与讽刺短文，主要著作有《老实人》(1759)、《哲学词典》(1764)。《路易十四时代》(1751)和《风俗论》(1756)两书都有专章论述中国历史文化，推崇儒家伦理道德与理性主义。他还为 D. 狄德罗主编的《百科全书》撰文。

世纪中叶，德国兴起了由 L.von 兰克首倡的客观主义批判史学。兰克晚年编著、身后由其弟子据遗稿补足的《世界历史》7卷，是一部以拉丁、日耳曼六大民族为主体的世

格丁根学派

　　格丁根学派形成于18世纪60年代，也是第一个具有近代意义的史学派。主要代表人物有加特勒尔、施勒策尔、赫伦等。他们把古典史学提倡的史学批判方法，以及由博学家开辟的专业化史料考据方法与历史学有机结合起来，促进了历史学的专业化，为德意志史学成为19世纪西方史学的中心打下了基础。在史学观念上，成为理性主义向浪漫主义过渡的桥梁；在史学方法上，重视原始资料的收集与辨析，反对抽象思维，为19世纪兰克史学奠定了基础。

L.von 兰克（1795～1886）

　　德国历史学家，客观主义史学的创始人。主要著述有《拉丁和条顿民族史》、《英国史》、《教皇史》等。他认为历史可以认识，但不能完全认识。在史学研究中，他重视原始资料的利用和考辨，用"内证"和"外证"相结合的史料批判方法对史料进行严格考证；强调不作价值判断，照实直书；主张运用语言学、年代学等学科的知识；注重政治史的价值；主张西欧中心论。

◇ L.von兰克像

界史。这部世界史反映了西方殖民大国在近代世界日益上升的支配地位，由此形成西方史学中的"西欧中心论"，借兰克批判史学的权威而广泛扩散影响。把各国历史汇编为世界史的做法，开始于 18 世纪中叶。1736 ～ 1765 年，英国 J. 坎普贝尔等人辑集了一部《自远古迄今的世界历史》，全书多达 38 卷。德国格丁根学派曾译出 30 卷，终因其体例驳杂而中止全译。此后，新的大型汇编相继出现。其中最著名的有英国的"剑桥三史"，即《剑桥古代史》、《剑桥中古史》和《剑桥近代史》以及法国的《人类文明进化史》等。参与这类新型汇编的历史学家，既有近代发现和搜集的大量文物遗迹和文献为依据，又重视和运用近代实证科学的方法。由他们的著作辑集起来的大型汇编，在学术界有很大影响。但也存在着缺陷：第一，在总的倾向上，仍然以欧洲尤其是西欧为世界历史的中心，把欧洲以外的地区视同陪衬；第二，没有把世界历史作为一个由分散发展为整体的过程，分区分国的编列体系在专题专章的记述中依然可见；第三，忽视物质生产是历史发展的基础，因而也就难以从最根本方面探索和阐明历史发展为世界历史的规律和趋向。

中国学者直到鸦片战争前后才把视野扩大到整个世界。鸦片战争前夕，林则徐在广州禁烟时主持译刊《四洲志》，内容包括五大洲 30 多个国家的地理和历史。后来魏源在《四洲志》稿本的基础上，广泛搜集有关的史志和中外著述，写成《海国图志》50 卷，于 1842 年出版，1847 年增为 60 卷，1852 年又扩充到 100 卷。这部书比较系统地介绍了世界许多国家的历史、地理、政治、经济以及船械制造等，是当时东方国家中最为详备的列国志式的世界史地巨著。与魏源同时代的徐继畬所著《瀛环志略》，对各国的史地沿革、社会演变，也作了比较详细的论述。不过，两书的作者都没有摆脱中国传统的史学观念。魏源以为

◇ 鸦片战争爆发前夕的穿鼻之战中遭英军军舰炮击而烧伤的中国帆船式兵船

林则徐（1785～1850）

鸦片战争时期的爱国政治家。字元抚，又字少穆、石麟，福建侯官（今福州市闽侯县）人。林则徐曾任湖广总督、陕甘总督和云贵总督，两次受命为钦差大臣。他主张严禁鸦片、抵抗西方的侵略，多次粉碎英国人在中国海域的武装挑衅。因虎门销烟而成为中国近代史上抵御外侮的第一个民族英雄。对于西方文化和科技，林则徐持开放性态度，主张学而用之。他至少懂英语和葡语，翻译了不少西方书籍。晚清思想家魏源将林则徐及其幕僚翻译的文书合编成《海国图志》，此书其后启发了晚清后期的洋务运动，乃至日本的明治维新。

◇ 林则徐像

"万里一朔，莫如中华"；徐继畬认为"坤舆大地，以中国为主"，而万方对中国则仰之如辰极。这一传统史观到 19 世纪后期资产阶级改良派和革命派历史家的笔下开始发生变化。这两派历史家都从外国历史寻求变法或革命的借鉴，因之所写外国历史多偏重于各国之治乱兴衰，目的在于说明变法和革命是国家强弱存亡之关键。但他们还没有能够用变革的思想编写综合性的世界历史，据以编写某些外国历史的蓝本又多半是直接间接地出于西方学者之手。但在西方近代史学的影响下，他们已开始对中国中心论的传统史观提出异议，力斥"中华外夷"乃千年之谬论。

20 世纪初期，"欧洲中心论"在西方史学中的统治地位开始动摇。对资本主义前景暗淡的忧虑促使一些西方史

欧洲中心论

也称"西欧中心论"，是 19 世纪殖民主义史学的产物，由德国的黑格尔和兰克等人提出，并由后继者继承和发展，近 200 年来在世界史领域中占据着统治地位。黑格尔将世界民族分为"历史民族"和"无历史民族"两类，认为唯有日耳曼民族才具有能力做世界"精神高等原则的负荷者"。

兰克的《世界通史》共 7 卷，实际上只是一部古代希腊罗马和中世纪的欧洲史。直到 20 世纪前期，"西欧中心论"的后继者们还公然宣称："从伯利克里和凯撒的时代直到现在，历史的伟大戏剧中的主角，都是由欧洲的白种人担任的。"甚至将有色人种说成是"落后种族"、"白人的负担"。

◇ 黑格尔像。黑格尔 (1770 ~ 1831)，德国哲学家，创立逻辑学、自然哲学、精神哲学。

◇ 1916年第一次世界大战凡尔登战役中德军阵地（绘画）。施本格勒认为，帝国主义时代就是世界战争的时代，战争成了人们处理一切现存问题的手段，文明时代的一切最终将在战争中灰飞烟灭。

学家对前一个世纪的历史信念提出疑问，因而开始以新的眼光对待欧洲历史以外的历史和西方文明以外的文明。另一方面，随着西方史学向专门化发展，对各国、各地区、各时代、各历史事件和人物的日益深入缜密的研究，也必然要提出在此基础上对人类历史进行综合考察的问题。形态学派历史学家适应这一发展，从历史的综合比较研究中得出他们不同于兰克的世界历史的观点。O. 施本格勒（1880～1936）和 A.J. 汤因比（1889～1975）把世界历史看做是多种文明的生长和衰灭的历史，而非单一文明发生和扩散的历史，这在一定意义上是对"欧洲中心论"的突破和否定。20 世纪 40 年代，G. 巴勒克拉夫在他的文集《变动世界中的历史》里提出西方史学必须放弃"西欧

泄密的小猫

　　战争中的一些微小瞬间，是当时的历史学家不会去关注的。比如马恩河战役期间，一只小猫就导致英法军队损失了一个指挥所。在德军和英法军队僵持的阶段，双方都在构筑隐蔽的防御工事和地下指挥所。有一名德军侦察兵发现，每天上午英法阵地上总有只干净可爱的小猫懒洋洋地晒太阳。参谋人员经过分析认为，这不是野猫，而且其主人应该是敌军的中高级军官，小猫所在的位置很可能是个重要的地下指挥所。于是德军调集了6个炮兵营猛轰敌阵地，事后查明，该处有个旅级指挥所，旅长以下军官和士兵全部阵亡。

0. 施本格勒（1880~1936）

　　德国历史学家。第一次世界大战期间，他在慕尼黑的一所贫民窟里完成了《西方的没落》。这本书给施本格勒带来巨大声誉，许多大学都邀请他去执教或讲学，但被其一概拒绝。施本格勒其后的生活一直近乎于隐居状态，只是在进行着历史研究，同时也会写一些政论。

A.J. 汤因比（1889～1975）

英国历史学家。他的一生著述很多，12 卷巨著《历史研究》全面地反映了他的历史观点，被誉为 20 世纪最伟大的历史著作。他认为，以往历史研究的一大缺陷，就是把民族国家作为历史研究的一般范围，这大大限制了历史学家的眼界。事实上，欧洲没有一个民族国家能够独立地说明自身的历史问题。因此应该把历史现象放到更大的范围内比较和考察，这种更大的范围就是文明。文明可以同时包括几个同样类型的国家，自身又包含政治、经济、文化三个方面，其中文化构成一个文明社会的精髓。

中心论"，并须重新定向。他后来主编的《泰晤士世界历史地图集》和集中由许多历史家执笔的文字说明，也都体现出同一倾向。与此同时，对分国编列式的世界史体系，也有学者提出不同看法。L.S. 斯塔夫里阿诺斯近年出版的《全球历史》，就试图打破分国、分地区的编列方法，更多地注重不同时代世界各地区的共同形势以及各文明之间的相互关系。但是，近代西方史学的缺陷并没有因此得到根本克服。唯心史观，基于民族偏见或文化偏见而形成的关于东方历史即将消逝或必然长期停滞的宿命观点，仍然阻碍着世界历史这一学科的发展。

苏联科学院于 20 世纪 50～60 年代出版了多卷本《世界通史》，这部通史具有和西方同类编著相区别的明显特色。它以社会经济形态作为划分历史阶段的标准，重视人民群众在历史上的作用，重视被压迫、被侵略民族的历史，并且力求在物质生产发展的基础上探讨历史发展的规律。苏联学者的这一著作，深化了人们对世界历史的认识，为世界历史这一学科的发展迈出了重要的一步。

世界历史的分期

从文艺复兴时期开始，西方已经有了把历史分为"古代"、"中世纪"和"近代"的说法，后来又有史家在"近代"之后加上"现代"或"当代"，即划分为四个阶段。不过显而易见的是，这种分期以政治兴替或"重大事件"为标准，而且主要是基于欧洲的历史，而不是整个世界。马克思主义史学对世界历史的分期，以社会经济形态发展的理论为基础，其"古代"相当于原始社会和奴隶社会，"中世纪"相当于封建社会，"近代"相当于资本主义社会，"现代"则指以俄国十月社会主义革命为开端的新阶段。

但是这部巨著也存在着缺点：它没有完全从"欧洲中心论"的陈旧观念中摆脱出来，仍然以欧洲历史的分期决定世界历史的分期。在这个分期的框架之下，它多少是按社会经济形态依次发展的模式分述各民族、各国家和各地区的历史，以此突出客观历史规律的统一。关于历史如何发展为世界历史的问题，在全书中不占主导地位，因而没有得到作为一个学科主题应当得到的全面和高度的重视。

在中国，辛亥革命之后的三四十年间，世界历史研究的进展很慢。40 年代初周谷城开始把世界历史作为一个整体进行教学和研究，于 1949 年出版了《世界通史》三册。这部书首先在中国打破用国别史编列为世界史的旧框架，反对以欧洲为中心，从全局来考察世界历史。周谷城认为写世界历史应该诸区并立，重视各个地区的相互交往、相互渗透、相互竞争，但又不排斥某一时期以某一区域为重点。对于中国世界史学科的发展，这些观点不仅足资参考，而且因其蕴蓄甚广，也富于启发意义。

中华人民共和国成立后，中国的世界史研究有了很大的进步，几十年来出版了许多国别史、地区史、断代史、人物传记及各种专著。中国社会科学院世界历史研究所编辑出版的《世界历史》、《史学理论》等刊物，成为中国世

国别史

国别史是以国（诸侯国）为主体，分别记述历史事件的史书。中国最早的国别体史书是《国语》，相传作者是春秋时期的左丘明。内容按照春秋时的诸侯国而分《周语》、《鲁语》等部分，总称《国语》。《战国策》晚于《国语》，是战国时期的史料汇编，经西汉刘向整理成书。这两部书保存了大量的原始文献，对我们了解春秋战国时期的历史有重要意义。现在的《英国史》、《法国史》等，则为我们详细了解各个国家的历史提供了条件。

◇ 战国时期嵌错赏功宴乐铜壶上的水陆攻战纹饰。从中可以看出战国时期兵战的阵势。

地区史

地区史是介于国别史和全球史之间的概念，研究对象要么是一个国家内部的地区，要么是几个国家组成的地区，这些地区因为地理环境、语言、习俗等特征的相似性而有了共同点。可以说，地区史既是国别史的细化，也是全球史的细化，给了人们更加丰富多彩的历史视角和历史认识。

断代史

断代史是以朝代为断限的史书。这种体裁是中国东汉史学家班固创立的，他著的《汉书》，记载了高祖元年（前206）到王莽地皇四年（公元23）西汉王朝共230年的历史。二十五史中除《史记》是通史之外，其余的二十四史都是断代史，而且都由后来的朝代修前朝的历史。而像《秦汉史》《隋唐史》等囊括了几个朝代的，也属于断代史。

◇ 班固像。班固（公元32～92），东汉历史学家。他在阴阳、儒、墨、名、法、道六家学说之外，又分出农、纵横、杂、小说四家，合为十家。

界史学者发表研究成果、开展学术讨论的重要园地。1962年周一良、吴于廑主编的《世界通史》出版，这是中华人民共和国成立以来第一部综合性的世界历史著作。这部书从马克思主义的基本原理出发，以时间的延续为经，以地区的分布为纬，比较系统地叙述了整个世界从人类的起源到第一次世界大战结束的历史，体现了中国学者当时对世界史的认识和研究水平。近些年来，还陆续出过几部世界史，各有改进。如何运用正确的理论和方法对世界历史的发展进行全局的而非割裂的、唯物主义的而非唯心主义的考察，是中国当代历史学家面临的方在开端的任务。

世界历史的纵向发展和横向发展

近代资本主义的大工业和世界市场，消除了以往历史形成的各民族、各国的孤立闭塞状态，日益在经济上把世界连成一个整体，从而"首次开创了世界历史"（《马克思恩格斯选集》第 1 卷第 67 页，人民出版社 1972 年版）。K. 马克思、F. 恩格斯在他们的著作中对世界历史所作的论述，最早地、也是最为鲜明地突破西方资产阶级史学的唯心史观和民族偏见，因而"在整个世界史观上实现了变革"（《马克思恩格斯选集》第 3 卷第 40

◇ 英国巨石阵。17世纪，英国古董学家奥波雷认为，巨石阵是罗马统治时期德鲁伊教的祭祀场所，是用来献祭太阳神的。

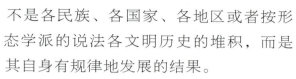

◇ 中国大汶口文化陶
鬶（山东曲阜西夏侯
遗址出土）

页）。根据马克思、恩格斯的世界史观，世界历史不是各民族、各国家、各地区或者按形态学派的说法各文明历史的堆积，而是其自身有规律地发展的结果。

人类历史发展为世界历史，经历了一个漫长的过程。这个过程包括两个方面：纵向发展方面和横向发展方面。这里说的纵向发展，是指人类物质生产史上不同生产方式的演变和由此引起的不同社会形态的更迭。马克思主义者根据人类社会内部生产力与生产关系基本矛盾的不同性质，把人类历史发展的诸阶段区分为原始公社制、奴隶制、封建制、资本主义制和共产主义制五种生产方式和与之相应的五种社会形态。它们构成一个由低级到高级发展的纵向序列。这个纵向序列并非一个机械的程序，不是所有民族、国家或地区的历史都一无例外地按着这个序列向前发展。有的没有经历某一阶段；有的长期停顿于某一阶段；即使属于同一阶段，其发展形式又往往互有差异。但是不同民族、国家或地区在历史上的多样性，和世界历史的统一性并非互不相容的矛盾。总的说来，人类历史由低级社会形态向高级社会形态的更迭发展，由原始的无阶级社会到直接生产者遭受不同形式奴役和剥削的阶级社会，又由阶级社会到未来共产主义没有奴役和剥削的无阶级社会，尽管形式各异，先后不一，这个纵向发展的总的过程，却仍然具有普遍的、规律性的意义。基于这一理解，马克思主义史学在阐明人类历史的纵向发展方面已经作出了不少可贵的成绩。

所谓世界历史的横向发展，是指历史由各地区间的相

生产三要素

生产方式

生产方式指社会生活所必需的物质资料的谋得方式，在生产过程中形成的人与自然界之间和人与人之间的相互关系。生产方式的物质内容是生产力，其社会形式是生产关系，生产方式是生产力和生产关系在物质资料生产过程中的统一。

生产关系

生产关系指在生产劳动中形成的人与人之间相互关系，这些关系有着各种各样内容，可以包括政治关系、经济关系、文化关系等，人们结成了经济利益或经济权利关系就称为经济关系，制度经济学中常称之为相对产权，具体的表现形式有资本家与劳动者之间的关系，委托人与代理人之间委托代理关系等。

生产力

生产力指生产主体利用劳动工具对劳动对象进行加工的能力，表现为人与自然界之间的关系，或者人类征服和改造自然的物质力量。生产力的本质是生产主体与客体之间的关系，具体可表现为科学技术即人们利用什么样的劳动资料进行生产以及生产规模的大小，以及绝对产权如经济主体对生产资料的所有权、使用权等内容。

◇ 英国工业革命时期的煤矿

29

互闭塞到逐步开放，由彼此分散到逐步联系密切，终于发展成为整体的世界历史这一客观过程而言的。马克思、恩格斯在《德意志意识形态》中指出："各个相互影响的活动范围在这个发展进程中愈来愈扩大，各民族的原始闭关自守状态则由于日益完善的生产方式、交往以及因此自发地发展起来的各民族之间的分工而消灭得愈来愈彻底，历史也就在愈来愈大的程度上成为全世界的历史。"（《马克思恩格斯选集》第 1 卷，第 51 页）在史前时代，处于原始状态的人类以氏族部落或村落为单位，分散地生活在地球的各个点上。尽管考古学家以实物证明，这些分散的点并不是完全彼此孤立和隔绝的，曾经有过某些偶然性的接

氏族

　　氏族是一个以血缘关系为纽带的人们共同体，产生于原始时代中期，先后经历了母权制和父权制两个阶段。氏族的血缘关系在母权时期按母系计算，在父权阶段按父系计算。氏族头领由民主选举产生，氏族中的一切事宜都由成年人参加的氏族议事会决定。成员有共同的习俗和宗教仪式，过着集体劳动、平均分配的原始共产主义生活。原始社会晚期，随着社会分工和产品交换的增加、私有制的出现和发展，氏族也随之瓦解。

部落

　　部落由两个或两个以上血缘相近的氏族组成。在其内部有自己的地域、名称、方言、习俗和宗教仪式，有管理内部公共事务的机构。原始社会末期，由于生产的发展、人口的增多，特别是频繁的军事活动，使近亲或相邻的部落走向联合，根据利益需要结成临时或永久性的部落联盟。部落联盟有自己的方言和地域，随着各部落经济、文化联系的加强，为以地域为基础的新的人们共同体——民族的形成创造了条件。

触，但是，由于当时物质生产水平极端低下，各个点都还不可能有多大程度的分工，不可能有多大程度的彼此交换和交往，也不可能有多大范围的开拓活动。因此，点与点之间基本上是相互闭塞的，其横向联系几乎没有，即使有也极其有限。在进入农耕和畜牧之后，随着物质生产力的发展，私有财产的形成，一些地区先后出现阶级社会。这就突破了原始氏族部落的极端狭小的孤立状态，开始结成有一定领域范围的国家。在国家与国家之间，地区与地区之间，也开始出现较多的交往，包括和平的和暴力的交往。但是，在阶级社会的前资本主义诸阶段，即使在经济发展比较先进的农耕地区，基本上都还是自给自足的经济。社会分工和交换虽有所发展，但毕竟有限，手工业和商业都还处于附属的、补充的地位。只要生产没有超出自然经济的范围，各民族、各国、各地区间相对闭塞的状态就依然存在。到了 15、16 世纪，资本主义在西欧萌芽滋长。随着"地理大发现"，西方国家的海外殖民扩张，以及世界市场的形成，过去长期存在的各国、各地区、各民族间的闭关自守状态才在越来越大的程度上被打破，整个世界在经济、政治、文化等各方面也才逐步形成为密切联系的、互相依存又互相矛盾的一体。马克思曾经指出，"世界历史不是过去一直存在的；作为世界史的历史是结果"（《马克思恩格斯选集》第 2 卷，第 112 页）。这个历史结果是经历了 15、16 世纪以来一系列重大转折之后才出现的。前资本主义时代不是一直存在的世界历史，直到这时才真正开始了它的存在。

推动历史从原始人类分散生活的各个点到最后联结为世界一体的这一横向发展过程的决定力量，同样是物质生

◇ 西班牙国王在巴罗斯港迎接哥伦布

地理大发现

　　地理大发现是 15~17 世纪（又称大航海时代）欧洲航海者开辟新航路和"发现"新大陆的通称，是人类发展史上的重大事件。14、15 世纪，东西方的陆上通道受土耳其奥斯曼帝国控制，海上通道受阿拉伯人控制，西欧商人急需通向东方的新航路。西班牙和葡萄牙是当时欧洲最强盛的封建中央集权制国家，加上地理位置特殊，逐渐成了探索新航路的主要组织者。1488 年，迪亚士发现非洲好望角；1492 年，哥伦布驶达美洲；1498 年，达伽马开辟了印度航路；1519~1522 年，麦哲伦船队完成人类的第一次环球航行。地理大发现是社会生产发展的产物，是欧洲资本主义对扩大原料产地、市场以及交换手段的必然需要。它促进了资本主义的原始积累过程，对世界生产力分布也有重大影响。

产的不断发展。在物质生产不断发展的基础上，人们对新地区的开拓，与相邻地区的交换和交往，必然不断扩大。这种扩大必然导致彼此之间闭塞状态的突破，彼此闭塞状

闭关自守

　　闭关自守是关闭关口、严格限制但不禁止对外交往的政策。从原因来看：明清两代中国封建制度走向衰落，统治者害怕和拒绝任何新事物的传入；自然经济没有对外交往的主动需求；来自外国的骚扰和侵略自明代就已开始，需要加强边疆管理。从影响来看：闭关自守一定程度上有着民族自卫的作用，保护了封建自然经济；严重阻碍了中外经济文化的交流和国内资本主义萌芽的发展；影响了科学技术的进步，造成了经济技术的落后。总体而言，闭关自守是脱离了世界大势的消极防御政策。

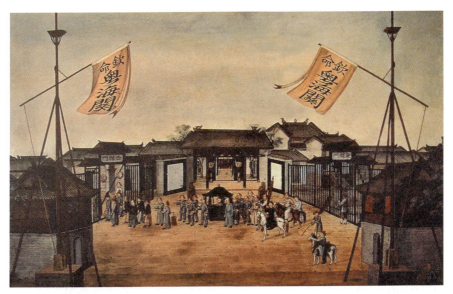

◇ 广州黄埔村（古港）的清朝海关（清代绘画）

态逐步突破的过程，也就是历史逐步发展成为世界历史的过程。尽管各地区在不同发展阶段打破闭塞状态的程度和先后并不一致，历史的横向发展过程仍然具有理论上的普遍规律性的意义。

在历史发展为世界历史的漫长过程中，纵向发展和横向发展并不是平行的、各自独立的。它们互为条件，最初是缓慢地、后来是越来越急速地促成历史由分散的发展到以世界为一整体的发展。纵向发展制约着横向发展。纵向发展所达到的阶段和水平，规定着横向发展的规模和广度。处于较低社会发展阶段的人类，不可能形成复杂的社会分工，不会有程度较深的生产社会化和专业化。与此相应，人们就不可能在较广阔的范围内进行经济上的以及其他方面的交往。不达到较高的物质生产水平，没有程度较深和方面较广的生产社会化和专业化，历史就只能是各个地区相互闭塞的历史，而非联系密切的、结为一体的世界历史。这是历史在前资本主义时期诸社会发展阶段中的基本状态，尽管诸阶段的闭塞程度因物质生产发展水平不同而存在着差别。只有当生产方式日益完善、社会形态走向

黑船事件

　　德川幕府统治下的日本，同样实行闭关自守政策。1852年，美国海军准将马休·佩里率舰队侵入江户湾（今东京湾），与德川幕府谈判，史称"黑船事件"。1854年，日本与美国签订了神奈川《日美友好条约》（通称《神奈川条约》），同意向美国开放除长崎外的下田和箱馆（今函馆）两个港口，并给美国最惠国待遇，其后又签订了一系列不平等条约。

◇ 美国海军准将马休·佩里像

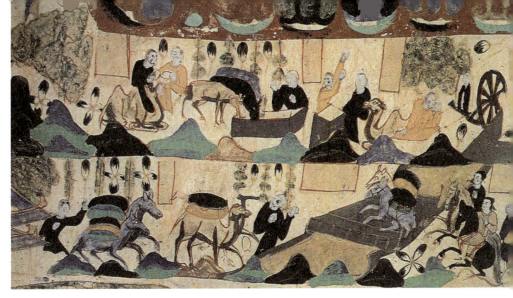

◇ 北周时期商旅图（甘肃敦煌莫高窟第296窟壁画）。此画描绘了6世纪商旅古道东西交往的风貌。

较高阶段即资本主义时期，物质生产的发展才使愈来愈互相依存的社会分工、地区分工和民族分工成为必要，人们对社会的依赖也就愈来愈超越过去对自然的依赖。由此造成的密切而频繁的交换和交往，也就愈来愈超越地区、国家和民族的界限。一旦物质生产发展到这样的水平，历史也就"在愈来愈大的程度上成为全世界的历史"。从这个意义上说，历史从野蛮到文明、从低级社会阶段向高级社会阶段的纵向发展，制约着它从部落到国家、从分散的各地区到联结为一体的世界的横向发展。

横向发展一方面受纵向发展的制约，一方面又对纵向发展具有反作用。横向发展与一定阶段的纵向发展相适应，就往往能促进和深化纵向发展。希腊人的早期城市公社发展到一定水平，便开始向周围地区移民，广泛建立移民点。这些移民点和许多由之分出的城市公社之间，存在着各种联系，特别是扩大奴隶来源方面的联系，而这类联系又促进了希腊城市公社向更高水平的发展。公元 3 世纪及稍后，中国北部的鲜卑、拓跋诸族，欧洲的日耳曼诸族，当他们有了铁器，知道农耕，开始进入阶级社会，从而具有一定向外扩张条件的时候，或者和平迁徙，或者暴力侵犯，向与他们邻近的先进农耕地区扩展。这在他们的历史上，是适应纵向发展的横向发展。这个横向发展不仅在一定程度上打开民族之间的闭塞局面，而且加速了他们向先进的封建社会形态过渡。这就是说，横向发展促进了历史的纵向发展。

在历史向资本主义过渡的时代，横向发展对纵向发展的反作用表现得尤其明显。这个时代西方国家的海上商业扩张和殖民活动，使世界各地区间发生了前所未有的密切

◇ 公元前19世纪埃及第十三王朝壁画。该壁画表现了西亚迁徙的闪族人（画面第二栏）与埃及人交易的情形。

◇ 位于内蒙古自治区呼伦贝尔市鄂伦春自治旗的鲜卑旧墟石室嘎仙洞（拓跋鲜卑人的发祥地）

鲜卑、拓跋诸族

　　鲜卑是中国古代的一个游牧民族，祖先可追溯到商代的东胡。西晋时分为三支：东有段、宇文、慕容等部，北有拓跋、柔然等部，西有乞伏、吐谷浑等部。慕容、宇文、拓跋等部都曾建立了版图较大的政权，特别是拓跋部于公元 5 世纪建立的北魏，统治中国北部长达 140 多年，北魏孝文帝拓跋宏还通过改革竭力促使鲜卑人的汉化。内迁的鲜卑人逐渐转向农业并与汉族融合，现在的锡伯族是古代鲜卑人的后裔。

　　交往。而这种世界性的密切交往，又转过来促进了资本的原始积累，资本势力对封建农业体系的瓦解以及后来资本主义大工业的出现。如果一个地区缺少与其他地区的横向联系，其纵向发展必然迟滞。美洲的玛雅文明，虽曾达到

（下转第 40 页）

日耳曼人

　　古代欧洲民族集团之一。人种属欧罗巴人种大西洋-波罗的海类型。语言属印欧语系日耳曼语族。以游牧业为主，长期过原始公社制生活。最初分布在斯堪的纳维亚半岛南部以及北海和波罗的海南岸的威悉河与奥得河之间。公元前6～前1世纪逐渐南下，占据今德国及附近地带，西与凯尔特人为邻，东抵维斯瓦河，与斯拉夫人为邻；南达多瑙河，临近罗马共和国北部边境。前113年，属于日耳曼族的辛布里人和条顿人南迁，进入罗马境内，与罗马人发生了长达11年的战争，于前102～前101年被罗马统帅马略打败。这是史书上记载的日耳曼人与罗马人的第一次接触。前58～前51年间，罗马统帅凯撒渡过莱茵河，第一次进入日耳曼人地区。此时日耳曼人仍处于氏族社会，尚无明显的贫富差别。前2世纪末1世纪初的塔西佗时代，日耳曼社会已经开始实行家长奴隶制，社会分化为贵族、奴隶和平民。各部落之间开始形成大规模的部落联盟。从凯撒时代开始，罗马人就不断地利用日耳曼人为雇佣兵，3世纪时，已有日耳曼人担任罗马军队的高级将领，在罗马帝国的政治和社会生活中起着不可忽视的作用。4～5世纪，为匈奴人驱迫，大批日耳曼人向西迁移，进入罗马帝国，于476年推翻西罗马帝国统治，先后在罗马帝国的土地上建立了西哥特王国、苏维汇王国、勃艮地王国、东哥特王国、伦巴德王国和法兰克王国等。日耳曼人的迁移，对西欧奴隶制的解体和封建制的形成起了重要作用。仍然留居斯堪的纳维亚半岛和日德兰半岛的日耳曼人，在8～11世纪，以"诺曼人"、"维金人"身份南下，进入西欧和不列颠，对欧洲的历史和民族形成产生重大影响。现代欧洲属于日耳曼语族的各个民族，如德意志人、奥地利人、英格兰人、丹麦人、挪威人、瑞典人、冰岛人、荷兰人、佛拉芒人等，都是以日耳曼人为核心形成的；其他属于罗曼语族的诸民族，如法兰西人、意大利人、葡萄牙人、西班牙人等，也有日耳曼人的成分。

38

玛雅文明

中美洲古代印第安文明的代表性文化。得名于创造这一文明的玛雅人。主要分布在今墨西哥、危地马拉、伯利兹、洪都拉斯、萨尔瓦多等中美洲国家。玛雅文明分前古典期（公元前2500~公元250）、古典期（约250~900）和后古典期（900~1520）。其中古典期是玛雅文明的繁盛时期。1520年后，西班牙人征服墨西哥，玛雅文明被彻底摧毁。

玛雅文明基本上属新石器时代，在古典期之末才开始使用黄金和铜，一直不知用铁。居民以农业为生，善于利用山坡修梯田、沼泽地筑台田以抗旱涝。体质人类学的研究表明，前古典期玛雅人的体格较古典期和后古典期要高大、强壮。有人认为，人口的增长造成食物资源日益紧张，并最终导致玛雅文明一定程度上的衰落。古典期的玛雅文明社会为金字塔式结构，作为统治阶层的王权处于金字塔的上层，其次是贵族和祭司，农民则处于金字塔的底层。上层统治者往往在礼仪中心的核心地带建造宏伟的金字塔式神庙作为自己的陵墓。依据现存玛雅人的象形文字碑铭和有限的传世文献——马德里抄本、巴黎抄本、德累斯顿抄本可知，天、地、日、月、风、雨乃至作物都被赋予了神的力量。玛雅诸神中，人们最为尊崇的是伊特兹亚姆·纳神，太阳神、月亮

◇ 玛雅石雕人物胸像

◇ 玛雅人的与膜拜太阳有关的圆盘（由木材、绿松石、贝壳、黄铁矿制成）

神、雨神也是崇祀的对象。此外，祭祀祖先也是玛雅人祭祀活动的重要内容。玛雅人在数学、天文历法和文字方面有卓越成就。他们使用二十进位制，并且使用"零"的概念，比欧洲人早800余年。玛雅人通过对金星和太阳的运行时间的观测，创立了精确的圣年历（1年260天）和太阳历（1年365天）两种纪年方法。每天都记两历日月名称，每52年一轮回，精确度超过同代希腊、罗马所用历法。此外，玛雅人还使用一种称之为"长期记日制度"来作纪年。图画式的象形文字是玛雅文明的杰出成果，一般刻在石建筑如祭台、梯道、石碑等之上，现已知字符800多个。当时还用树皮纸和鹿皮写书，内容主要是历史、科学和仪典，至今尚无法释读。玛雅人的建筑工程达到古代世界高度水平。其金字塔以碎石和泥土堆成，外铺石板或泥砖，设有石砌梯道通往塔顶庙宇。其雕刻、彩陶、壁画等皆有很高的艺术价值，著名的博南帕克壁画表现贵族仪仗、战争与凯旋等，人物形象千姿百态，栩栩如生，是世界壁画艺术的宝藏之一。

较高的水平，而且创造了文字，但在横渡大西洋的欧洲人到达美洲以前，和外界处于完全隔绝的状态。玛雅文明之所以长期停滞，缺少与纵向发展相适应的横向发展，无疑是一个重要原因。

由上可见，历史的纵向发展和横向发展是历史发展为世界历史过程中的两个基本方面。它们共同的基础和最终的推动力量是物质生产的进步。马克思、恩格斯说："历史向世界历史的转变，不是'自我意识'、宇宙精神或者某个形而上学怪影的某种抽象行为，而是纯粹物质的、可以通过经验确定的事实，每一个过着实际生活的，需要吃、喝、穿的个人都可以证明这一事实"（《马克思恩格斯选集》，第1卷，第51～52页）。这是马克思主义关于世界历史发展理论的唯物主义基础。物质生活资料生产的发展，是决定历史纵向和横向发展的最根本的因素，它把历史的这两个方面结合在一个统一的世界历史发展过程之中。

◇　1851年博览会英国机器厅

世界历史全局概览

　　人类的历史，从早期人类的出现，直到当前的世界，是历史纵向和横向发展由极端缓慢到加速前进的结果。

　　大约距今350万年～300万年前，地球上出现了人类。人类历史的史前时期，是人类社会发展的第一个阶段，即原始社会阶段。原始社会的绝大部分时间属于旧石器时代，人类在这一时期中经历了能人、直立人、早期智人和晚期智人等

原始社会

　　原始社会是随着人类出现而产生的，是人类社会的第一个发展阶段。原始社会的人类生产力水平很低，大多数时间里使用石器，从事渔猎和采摘，过着原始共产主义生活。后来随着生产力水平的提高，出现了剩余产品，才开始出现贫富分化和私有制，原先的共同分配和共同劳动的关系被破坏，被阶级社会所取代。但原始社会进入阶级社会的时间，世界各地差异很大：在埃及和两河流域，原始社会在金石并用时代就已经解体，而其他一些地区则是到了青铜时代或铁器时代；而到了20世纪中叶，中国西南的独龙族还仍然处于原始公社的解体阶段。

阶段，最后完成了从原始人向现代人的转化。旧石器时代原始公社内的劳动产品绝少剩余，因而没有剥削，没有阶级，也绝少交换，不同原始公社之间极端闭塞。然而随着地理气候的变化和寻找新的食物采集基地的需要，早期人类不得不分支向新地区移徙。从已知的考古发掘材料来看，处于能人阶段的人类主要只是活动在东非和南非。到了直立人阶段，人类分布的范围除了非洲中部偏南之外，已经扩大到亚欧大陆的广大地区。到了智人特别是晚期智人阶段，人类移徙的范围进一步扩大，一部分由西伯利亚极东跨过当时可能存在的陆桥进入美洲，一部分由印度支那、印度尼西亚进入大洋洲。人类的这种移动是非常缓慢

印度支那

印度支那是对中南半岛的旧称。大航海时代的欧洲人，对东方缺乏了解，以为亚洲只有中国和印度这两个国家，所以就把中南半岛看做是印度和中国的"结合部"，称为印度支那。现有越南、老挝、柬埔寨三个国家，在第二次世界大战前是法国的殖民地。

旧石器时代

旧石器时代（距今约 300 万年～约 1 万年），是以使用打制石器为标志的人类发展阶段。旧石器时代一般划分为三个阶段，即旧石器时代早期、中期和晚期，大体上相当于人类体质进化的能人和直立人阶段、早期智人阶段、晚期智人阶段。旧石器时代的文化在世界范围内分布广泛。由于地域和时代不同，以及发展的不平衡性，各地区的文化面貌存在着相当大的差异。

◇ 法国拉斯科岩画。法国多尔多涅省蒙蒂尼亚克镇，约2万年前旧石器时代艺术。这些巨大岩画被封存在黑暗中长达几千年，直到1940年才被几个小学生偶然发现。

旧石器时代人类发展阶段

能人

能人生活在距今约 230 万年~约 150 万年前的东非和南非，是比南方古猿进步但又比直立人原始的古人类，也是目前所知最早制造石器工具的人类祖先。最早的能人化石是 1960 年在坦桑尼亚奥杜瓦伊峡谷第一层中发现的，1964 年被定名为能人，意思是能干、手巧。能人的主要特征是头骨比较纤细、光滑，面部结构轻巧，下肢骨与现代人很相似，身高在 1.40 米左右。其平均脑量为 646 毫升，比南方古猿的平均脑量大得多。能人会制作石器（大概相当于旧石器时代早期），还会猎取中等大小的动物，并可能已会建造简陋的类似窝棚的住所，甚至可能已有初步的语言。

直立人

也就是我们通常说的"猿人"，生活在距今约 170（150）万年~约 30（20）万年前的欧、亚、非大陆上。直立人的头骨扁平，骨壁厚，眶上脊粗壮；脑容量大约从 800 毫升到 1200 毫升，平均身高为 160 厘米；下肢结构与人类十分相似，大腿骨更接近现代人，直立行走的姿势更加完善；直立人已经开始使用火，并能制造较为复杂的打制石器了。这些进步大大增加了直立人对自然环境的适应能力。于是直立人顽强地走出了非洲，散布到亚洲和欧洲的广大区域中去。中国的"北京人"即属直立人。

早期智人和晚期智人

智人有"智慧的人"之意，早期智人也称"尼安德特人"，形态已经非常接近现代人。其生存年代大约距今 30（20）万年~约 5 万年，相当于考古学上的旧石器时代中期。早期智人的伟大之处在于学会了人工取火。晚期智人的生存年代大约从 5 万年前开始，相当于旧石器时代晚期到现在。新石器时代以来的智人又被称为现代人。

44

的，大约经历了 300 多万年之久，但毕竟是对原始孤立状态的一种松动。在移动的过程中，人类把自己的原始生产技术和社会组织等从一个地方带到了另一个地方，这是历史向世界历史发展的最初起步。

距今 1 万年左右，人类进入新石器时代。从采集植物果实和猎取动物的实践中学会了栽培植物和驯化动物，发明了原始农耕和畜牧，从而由食物的采集者转变成为食物的生产者。这是人类物质生产史上第一次历史性的飞跃。从此，气候和土壤适宜种植谷物的地区逐渐以农耕为主，干旱而牧草间生的地区则以畜牧为主。农耕的发生，使人类有可能逐步转入相对定居的生活，形成村落。从公元前8000～前7000年起，在西亚、东亚和东南亚、中美、南美以及非洲内陆，先后形成几个各有特色的农业中心。农

新石器时代

新石器时代（距今约 1 万年～约 5000 多年至 2000 多年）是石器时代的最后一个阶段，也是以使用磨制石器为标志的人类发展阶段。一般来说，新石器时代除了制造和使用磨制石器这一特征外，还有两个基本特征，即发明和使用陶器、出现农业和畜牧业。但这三个特征并不是缺一不可，因为世界各地的新石器文化还是有着明显的差别的。

◇ 欧洲新石器时代晚期的印纹陶大口罐

◇ 农业鼻祖神农氏画像。神农氏为远古时期的帝王，"三皇"之一。因为他的家族生活在姜水的河边，所以姓"姜"。后来他发明了农业的耕种法，所以叫他"神农"，又因为他重视火德（古代五行之一，即金、木、水、火、土），而火的性质是炎热，所以叫他"炎帝"。

农耕

人类先民在长期的采集生活中，观察到了植物的生长规律，逐渐有意识地驯化和种植那些可以食用的野生植物，这就是原始农耕的起源。关于农耕的起源，中国古代还有神农氏的传说：相传神农氏看到小鸟把衔来的谷籽儿丢在地上，便长出了禾苗，于是就试着把谷籽儿埋在土中，果然长出了谷苗。他于是就教人们翻地，采来谷籽儿埋入土中，待长成结穗后收割，供人食用。后来播种五谷的办法传遍各个部落，人们便尊称他为神农氏。

◇ 汉代农耕图壁画。西汉末年的黄河和长江流域农业发达区，牛耕技术出现更大的改革，发展出二牛一人式耕作方法，一直沿用到当代。

46

畜牧

畜牧业是利用畜禽等已经被人类驯化的动物，或者鹿、麝、狐、貂、水獭、鹌鹑等野生动物的生理机能，通过人工饲养和繁殖，将牧草和饲料等植物能转变为动物能，以取得肉、蛋、奶、羊毛、山羊绒、皮张、蚕丝和药材等畜产品的生产部门，与种植业并列为农业生产的两大支柱。人类的畜牧是从驯养野生动物开始的。大约一万多年前，人类为了方便狩猎而开始驯养狗，然后又驯养了牛、羊、猪、鸡等动物。

◇ 撒哈拉岩画（局部）。描绘了史前时期，牧民在非洲撒哈拉沙漠放牧牛群的情景。

耕所特具的优越性以及由此而来的农耕地区人口的增长，使各农业中心必然不断向周围扩散。美索不达米亚（参见附录《古代美索不达米亚文化》）最早培育的小麦和大麦，在3000多年中先后沿东西两大方向扩散到欧洲和亚洲偏南直到印度的广大地区。中国和东南亚培育的水稻，中美、南美培育的玉米，也逐步向各自的周围地带扩散。于是，就亚欧大陆而言，中国由黄河至长江，印度由印度河至恒河，西亚、中亚由安那托利亚至波斯、阿富汗，欧洲由地中海沿岸至波罗的海之南，由不列颠至乌克兰，乃至与亚欧大陆毗连的地中海南岸，都先后不一地成为农耕和半农耕地带。由此构成一个绵亘于亚欧大陆东西两端之间的、

玉米小传

玉米原产于中美和南美洲，一般认为是玛雅人最早驯化了玉米。但最新的研究表明，早在公元前5300年左右，住在墨西哥东南部的古印第安人就已经开始种植玉米了，比玛雅人早了1000多年。1492年，哥伦布把玉米带回西班牙，而西班牙又把玉米带到全世界。玉米到达中国时已是明嘉靖年间，当时被称为番麦、包谷、苞谷、六谷等。由于它适应性强、容易栽培，春玉米又比其他春播植物成熟早，能填补青黄不接时的空白，因此很快成为山区农民的口粮，后来逐渐扩散到平原地区。

◇ 南美玛雅人神话：受众神影响的一株玉米所结出的财富。根据玛雅人的传说，最早的四个人就是地上的玉米所做成的。

发现锡拉古城

地质灾害对文明的摧残自古有之。西方文明中最著名的是庞培古城。除了沧桑的庞培古城，爱琴海的锡拉岛上同样有一座古城曾被公元前1500年左右的火山活动摧毁，并被火山灰掩埋。1967～1974年，希腊考古学家发掘了火山灰下的锡拉古城遗址，获得了丰富的文物。古城已经发掘的部分有街道、广场和楼房，建筑物中的壁画十分精美，风格近似克里特的米诺斯王宫壁画。题材有渔民生活、航海活动和山林鸟兽等。该古城被称为"第二座庞培"。

偏南的长弧形的农耕世界。在这个农耕世界之北，是宜于游牧和半游牧的地区。随着游牧和半游牧的不断扩展，东起西伯利亚，经中国的东北、蒙古、中亚、咸海里海之北、高加索、南俄罗斯，直到欧洲中部，也形成自东而西横亘于亚欧大陆偏北的游牧世界，与偏南的农耕世界并列。在其他各洲，也先后出现农耕地带与游牧地带的区分。

人类自从进入新石器时代并从事农耕和畜牧以来，剩余产品日益增多，私有财产随之出现。至新石器时代之末、金属器时代之初，氏族公社原始共产制趋于解体。在农耕地带，生产增长率和人口增长率都较高。食物丰饶以后，有更多的可能分出劳动力从事农耕以外的活动，如手工制造、金属开采和冶炼、河渠开凿、土木建筑、社会管理、宗教祭祀等等。因而农耕地区的阶级分化较快，也较早地出现了公共权力，诞生了文明。约在公元前第 4 千纪后期，西亚两河流域首先突破原始公社各自孤立的状态，在较大范围内形成并加强村落与村落之间的横向联系，出现了居

文明

文明一般指有人居住、有一定经济文化的地区。英文中的文明（civilization）源于拉丁文"civis"，意思是城市的居民，其本质含义为人民和睦地生活于城市和社会集团中的能力。引申义为先进的社会和文化状态，以及到达这一状态的过程，包括民族意识、技术水准、礼仪规范、宗教思想、风俗习惯以及科学知识的发展等。判定文明出现的标准，主要是城市的出现、文字的产生和国家制度的建立。其中最重要的前提条件是城市的出现，可以说城市是文明的发源地。现在一般认为，最早的文明大概是在公元前 3500 年左右美索不达米亚的苏美尔人那里出现的。

民密集的聚落，由此兴起了很多以城为中心的小国。稍后，尼罗河流域、印度河流域、黄河流域、爱琴海地区（参见附录《克里特文明和迈锡尼文明》）等，都先后诞生了文明，出现与两河流域类似的、并立的小国。历史从此步入阶级社会，同时开始在更大范围内的横向发展。在游牧地带，由于生产增长率较低，社会分化相对缓慢，因此原始部落牢固存在，长期停留在淳朴而落后的状态。由此而后的亚欧大陆，南方农耕，北方游牧，南方富庶而发展较快，北方贫穷而发展迟滞，这是直到近代资本主义大工业出现以前长时期中的基本形势。

　　亚欧大陆各农耕中心进入阶级社会之后，在世界历史上划分奴隶制阶段和封建制阶段，是一个复杂的问题。从

聚落

　　聚落是对各种形式的人类聚居地的总称。它不单指房屋建筑，还包括生活设施和生产设施。聚落既是人们居住、生活、休息和进行各种社会活动的场所，也是人们进行生产的场所，一般可以分为乡村和城市两大类。聚落是人类适应和利用自然的产物，因而被打上了当地地理环境的烙印。同时，聚落又是重要的文化景观，很大程度上反映了当地的经济发展水平和风土人情。

许多专门研究可以看出，古代世界物质财富直接生产者被奴役、被剥削的方式，生产资料的占有制，包括残存的原始公社共有制，不同地区存在着明显的差别。完全丧失自由的奴隶、半自由的处于依附地位的劳动者以及自由劳动者在各自社会经济中所占的比重，各地也不一致。这种情况不仅在通常以公元5世纪为下限的古代世界是这样，5世纪之后，在中古时代封建制下的直接生产者被奴役、被剥削的方式，以及依附农民与自由农民在经济中的各自比重，也是这样。因此，前资本主义的两个阶级社会，即奴隶制社会与封建制社会，都很难以某一地区历史实例作为典型，也很难以某一实例所达到的发展阶段作为世界历史上划分两个社会形态的标准。而且，古代社会生产关系中处于依附地位的劳动者，与中古时代的封建依附农民，往往不易分清界限。两种依附劳动者在各自所属时代的存在，并非一个是偶然的，一个是普遍的，而是各自在其所

奴隶

既无自己的土地，又无自由，其他大部分权利也没有，是属于主人的"物品"。奴隶一般来源于战俘、被占领地区原住民、负债者和罪犯，也有从非洲等地方拐卖到奴隶市场的人。主人有权处置奴隶。奴隶制一般出现在农业社会里。世界很多不同地方以及历史上很多不同时期都有奴隶。

◇ 色雷斯女奴隶

属时代都占有相当的比重。

诚然，这种比重也因地而异。不仅依附劳动者是这样，将分别存在于古代世界和中古时代的自由劳动者作相互对照，其情况也是这样。这就使在世界历史上区分奴隶制社会和封建制社会成为十分复杂的问题。像通常那样，采取统一的、超越地区差别的划分界限，把早于此限的纳入奴隶制，晚于此限的纳入封建制，看来无助于问题的解决。因为，非常明显，除了少数如西方古典奴隶制的一些中心而外，这个划限的方式很难说明前于此限的依附劳动者和自由劳动者怎样一越此限，就成为后于此限的依附农民和自由农民。他们为什么一个时期打上了奴隶制的烙印，另一个时期又涂上了封建制的色彩？在目前，这仍然是马克思主义史学必须深入探讨的重要课题。

但是，这个问题之暂难解决，并不能构成一种难以逾越的障碍，使对人类进入阶级社会后的前资本主义的历史进行概略性的横向考察成为不可能，或者说，成为学术上一种无所依据的徒劳。

在整个前资本主义时期，即 15、16 世纪以前，进入文明的、阶级对立社会的亚欧大陆农耕世界，一般都是以农为本，农业是奴隶制社会的基础，也是封建制社会的基础。马克思在《〈政治经济学批判〉导言》中说："在从事定居耕作……的民族那里，像在古代社会和封建社会，耕作居于支配地位。"（《马克思恩格斯选集》第 2 卷，第 109 页）这也无异说，不论是奴隶社会，还是封建社会，都是以农为本。既然两者在经济上都是以农为本，那么，虽然世界上各民族、各地区奴隶制社会形态和封建制社会形态还不能一一清楚地划分，也无妨就其具有共性的历史发展问题作通贯前资本主义时期的考察。

前资本主义时期阶级社会农本经济的根本特点，是在最大限度上实行自给自足，为谋生而非为牟利，为消费而非为交换，因而必然具有闭塞性。手工业和商业同在当时整个社会经济中占绝对优势的农业相比，是末，不是本。它们当时所达到的发展水平，终究不能改变农耕世界以农

手工业

手工业指依靠手工劳动，使用简单工具从事的小规模生产劳动。手工业最初与农业密切联系，是农民副业性质的家庭手工业。经过第二次社会大分工，手工业脱离农业，形成独立的个体手工业。其特点是一家一户为单位，用私有生产资料分散经营。包括自产自销型手工业、直接为消费者服务的流通型手工业和针对买主或工厂的加工型手工业。后来发展为资本主义简单协作的手工业作坊和工场手工业。

◇ 《纺织女工》（油画，1657年西班牙画家委拉斯开兹绘）。此画描绘了皇家壁毯工场中妇女劳动的场面。

为本的这一根本状态。前资本主义时期各民族、各国、各地区之间的互相闭塞，是附随这一根本状态而必然存在的现象。在与农耕地带并列的游牧地带，除了在大移徙、大冲击浪潮中形成多部族的广泛联合而外，各部落、部族之间，也是基本上处于闭塞状态，生活很少越出狭小牧地的范围。因此，在孕育人类最初文明社会的亚欧大陆及其毗连的北非，包括农耕和游牧两大地带，在资本主义出现以前，闭塞状态是普遍存在的。不打破普遍存在的闭塞状态，历史也就不能发展为世界历史。

　　闭塞状态的打破，有待于不同地区、不同民族之间交往的增多。交往是随着经济和政治的发展而日渐增多的，社会经济发展的水平是交往增多的决定性因素。由于农耕经济比游牧经济先进，所以各民族、各国、各地区之间的交往，首先而且主要地是在亚欧大陆偏南的农耕地带逐步频繁起来的。古代文明中心小国林立的状态演变为大国统一和大国之间彼此对峙的局面之后，特别是西亚、北非和东部地中海地区，不论是在中心范围以内或中心与周边地带之间，闭塞的状态都因交往频繁而打开了孔道。经常的交往一般都是通过和平的途径。生产技术、各地特有物产、艺术品以及文字、科学知识、思想、宗教信念等等，都在日益扩大的范围内通过商人、使节、游历者、学问家、求道和布道者而直接、间接地交流，并逐渐地向中心凝聚。人们的活动空间和视野都因此而渐渐开阔了起来。分散在周边的许多孤立的点，也渐渐与文明中心发生微弱的、却又有发展前景的联系。但是和平交往并非交往的唯一方式。一个民族或国家的势力强大之后，往往因开拓土地、移殖人口、掠夺资源、控制商路而与邻近国家、部族发生

◇ 意大利庞培农牧神宫镶嵌画《伊苏斯战役》（局部）。伊苏斯战役是公元前333年马其顿国王亚历山大率军与波斯皇帝大流士三世的军队在伊苏斯（今土耳其伊斯肯德仑北）进行的一次交战。最终波斯军队惨败。

冲突，以暴力的方式进行交往，这在大国并立的形势下尤其如此。暴力交往不可能成为经常采取的方式。它是间歇的，具有破坏性的，但又具有和平方式所不具有的冲击力量。一次猛烈的冲击过后，随之而来的，往往是对闭塞状态的重大突破。马其顿王亚历山大东侵以后，从爱琴海地区到印度河流域，经济文化发生了范围空前广阔的交往。13 世纪蒙古军横越亚欧大陆，随着帝国的建立，东西陆上交通为之大开。历史上这两次破坏力甚大的暴力交往，都起了重大突破闭塞的作用。

　　亚欧大陆的古典文明世界，从黄河流域到地中海沿岸，是以最长距离分隔着的东西两极。在这两极之间，自古就断续发生了分段而又相连接的交往。陆上，逐渐形成了丝绸之路，由中国西部进入中亚，然后经大夏、波斯同波斯帝国遗留下来的驿道和通向黑海的道路相连，辗转通往罗

亚历山大东侵

公元前334～前324年，马其顿国王亚历山大三世对东方波斯等国进行了侵略战争。亚历山大以马其顿军为主组成远征军，先后占领了埃及、灭亡了波斯帝国，并一度侵入了中亚和印度，由于疫病流行和官兵厌战才被迫停止东征。亚历山大东征是场掠夺性战争。10年间，远征军建立了西起巴尔干半岛、尼罗河，东

至印度河的庞大帝国。东征给当地人民造成了深重灾难，但客观上也促进了希腊与亚非诸国的经济和文化交流，几乎将当时人类的主要文明（波斯、埃及、犹太甚至印度文明）都连接起来，打通了亚欧大陆的交通。

◇ 亚历山大三世像。亚历山大（前356～前323）是古马其顿帝国的国王，又称亚历山大大帝，世界史上卓越的军事统帅。

马。在大夏境内，南通印度的道路也与之相接。丝绸之路的形成，从历史的发展看，其意义的重要不在于丝绸的转运，而在于有了这条通达的道路之后，人类物质文明和精神文明的创造可以随着时代的演进而络绎往返。佛教和佛教艺术、波斯工艺图案、伊斯兰教和阿拉伯的星历医药，先后经由此道或假道它的一段传入中国。中国的造纸和印刷两项对后世文化发展影响极大的工艺，可能还有凿井法以及其他技术，也循此道传入中亚和西亚，后来造纸术和印刷术又转传欧洲。海上，据记载应是罗马皇帝马可·奥

（下转第62页）

◇ 四处征战的蒙古军（13世纪波斯绘画）

蒙古军横越亚欧大陆

　　蒙古西征共有三次。第一次西征发生于 1219～1225 年，成吉思汗攻打中亚帝国花剌子模，蒙古军抵达了里海与黑海以北、伊拉克、伊朗、印度等地。1235～1242 年，成吉思汗的孙子拔都率军第二次西征，远至俄罗斯、匈牙利和波兰等地，建立了宗藩国——钦察汗国。1252～1260 年，成吉思汗的孙子旭烈兀又进行了第三次西征，远至叙利亚、埃及、伊拉克等地，并在波斯地区建立了宗藩国——伊利汗国。三次西征沟通了东西方的经济和文化联系，不仅把中国的发明，如火药、造纸术、印刷术、罗盘等传到西亚及欧洲等国，同时也把西方的天文、医学、历算等传入中国，对东西方的历史发展产生了深远影响。

◇ 十字军出发图。图为乌尔班二世在法国克吕尼修道院的祭坛向参加第一次十字军东征的教徒告别。

十字军东征

十字军东征是 1096~1291 年，由西欧基督教（天主教）国家对地中海东岸的国家发动的 9 次宗教性军事行动的总称。东征期间，教会授予每个战士一个十字架，组成的军队便称为十字军。十字军东征持续了近 200 年，由于其侵略暴行和罪恶面目，不仅使罗马教廷建立世界教会的企图完全落空，而且使教会威信大为下降。十字军所谓要夺回的圣地耶路撒冷，遭到空前的血洗，许多古代艺术珍品被毁。十字军东征在客观上打开了东方贸易的大门，使欧洲的商业、银行和货币经济发生了革命，并促进了城市的发展，造成了有利于产生资本主义萌芽的条件。东侵还使东西方文化与交流增多，在一定程度上刺激了西方的文艺复兴，阿拉伯数字、代数、航海罗盘、火药和棉纸，都是在十字军东侵时期内传到西欧的。

◇ 十字军装束的英国"狮心王"理查一世像。1187年，理查一世和神圣罗马帝国皇帝"红胡子"腓特烈一世、法王腓力二世，一同参加了由蒂尔大主教号召的第三次十字军东征。

波斯帝国

　　古代伊朗以波斯人为中心形成的帝国。统治这个帝国的是阿契美尼斯家族，故亦称阿契美尼德帝国。伊朗西南部法尔斯地区的波斯人本来臣服于西北部的米底。公元前550年，波斯王居鲁士二世（后称"大王"）灭米底，进而向外扩张，建立波斯帝国。公元前546年，居鲁士二世灭小亚细亚的吕底亚王国，次第征服小亚细亚西部沿海各希腊城邦；公元前539年，灭新巴比伦王国。居鲁士之子冈比西斯二世（前529～前522年在位）于公元前525年征服埃及。大流士一世时期，继续向外扩张。在东面，巩固了居鲁士二世业已征服的领土，更将印度河流域并入帝国版图；在西面，约在公元前513年，渡赫勒斯滂海峡（今达达尼尔海峡），亲征黑海西岸和北岸的斯基泰人。公元前490年，大流士一世派米底人达提斯入侵希腊，但在马拉松一役战败，被迫撤退。以后，其子薛西斯一世（前486～前465年在位）继续执行征服希腊的计划。结果，帝国的海军败于萨拉米斯，陆军败于普拉蒂亚，帝国在爱琴海上米卡尔角的战船被希腊人焚毁。此后，帝国再无力西侵。希波战争的失败是波斯帝国历史的转折点，此后国势渐趋衰落。公元前330年，波斯帝国被马其顿国王亚历山大所灭。

　　波斯帝国领土辽阔，民族复杂。全盛时期，帝国以相当严密的中央集权的政治机构和强大的军事力量，以及对待被征服民族的比较开明的政策，维持帝国的统一。为了军事和行政的需要而修筑的驿路网，把帝国各部分紧密连接起来，同时也为商业发展创造了条件。海上航路的开辟促进了国际贸易。大流士一世实行税制改革及统一度量衡和币制，更促进了帝国的经济发展。在艺术方面，波斯帝国留下了宝贵遗产。波斯的建筑融合埃及、巴比伦、希腊各民族的艺术成就，构成自己独特的雄伟壮丽的风格。

◇ 波斯波利斯王宫觐见厅遗址

丝绸之路

中国古代经中亚通往南亚、西亚以及欧洲、北非的陆上贸易通道。因大量中国丝和丝织品多经此路西运，故称丝绸之路，简称丝路。"丝绸之路"这一名称是由德国地理学家 F.von 李希霍芬在 1877 年出版的《中国》一书中首先提出的，德文作 Seidenstrassen，原指两汉时期中国与中亚河中地区以及印度之间，以丝绸贸易为主的交通路线。其后，德国历史学家赫尔曼在《中国和叙利亚之间的古代丝绸之路》（柏林，1910）一书中，通过对文献记载的进一步考察，把丝路延伸到地中海西岸和小亚细亚，确定了丝路的基本内涵。

"丝绸之路"一名虽然晚出，但这条贸易通道很早就已存在。在古代世界，只有中国是种桑、养蚕、生产丝织品的国家。自商、周至战国时期，丝绸的生产技术已发展到相当高的水平。那时中国丝绸已经西北各民族之手少量地辗转贩运到中亚、印度。汉初，河西走廊曾先后为乌孙、月氏、匈奴所占，西域绿洲诸小国亦为匈奴所控制，汉与西方的道路难以直达。汉武帝刘彻于建元二年（前139）派张骞出使西域大月氏（今阿富汗中西部），开通丝路，谓之"凿空"。前60年汉置西域都护，屯田于乌垒城（今新疆轮台东北），以保西域通道。早自张骞西使乌孙结盟后，汉使者、商人便接踵西行，至此丝绸之路益加畅通，大量丝帛锦绣沿此路不断西运，罗马人因此称中国为"赛里斯"（Seres），拉丁语意为"丝之国"。同时西域各国的"珍奇异物"也输入中国。班超经营西域期间，还派甘英出使大秦（罗马帝国），抵条支（今伊拉克），临大海而返。这是汉代中国官员沿丝路西行最远者。魏晋时，东西商业往来不断，位于丝路咽喉重地的敦煌，就是胡商的聚集地之一。唐代时，长安、洛阳以及其他重要都市都有大量商胡，呈现出国际都会的风貌。在蒙元时期，由于蒙古的西征和对中亚、西亚广大地区的直接统治，使东西驿路通畅，许多欧洲使者、教

◇ 丝绸之路上出土的蜡染棉布（新疆民丰出土）

士和商人，如马可·波罗，都沿此路东来中国，丝路又繁荣一时。明朝建立后，采取闭关政策，虽然出嘉峪关经哈密去中亚的道路未断，但陆上丝路作为中西交通路线已远不如海路重要了。

　　丝绸之路的基本走向奠定于两汉时期。大致东起汉长安，西行上陇坂，通过河西走廊的武威、张掖、酒泉、敦煌四郡，出玉门关或阳关，穿过白龙堆，先到楼兰。楼兰在古盐泽（蒲昌海，今罗布泊）西北部。汉代西域有南北两道，楼兰是两道的分岔点。北道自此向西，沿孔雀河至渠犁（今新疆库尔勒）、乌垒、轮台，再西经龟兹（今新疆库车）、姑墨（今新疆阿克苏）至疏勒（今新疆喀什）。南道自鄯善的扜泥城，西南沿今车尔臣河，经且末、扜弥、于阗、皮山、莎车至疏勒。由于千余年戈壁沙漠向南移徙，致使南道东段逐渐沙漠化，伊循、扜泥诸古城均为沙漠所湮，所以今日的南道东段已远在古南道之南。汉以后，又开辟了多条干路和支线。

　　丝绸之路不仅是东西商业贸易之路，而且是中国和亚欧各国间政治往来、文化交流的通道。西方的音乐、舞蹈、绘画、雕塑、建筑等艺术，天文、历算、医药等科技知识，佛教、祆教、摩尼教、景教、伊斯兰教等宗教，通过此路先后传来中国，并在中国产生了很大影响。中国的纺织、造纸、印刷、火药、指南针、制瓷等工艺技术，绘画等艺术手法，儒家、道教思想，也通过此路传向西方。至今，丝绸之路仍是东西交往的友好象征。

◇ 宋代绘画《捣练图》。该图描绘宫廷妇女制作丝绸的场面。画中人物共分三组，右边的女子们拿着木杵捶捣加入了漂粉的粗纺丝绸，中间的女子在理线和缝纫，左边的女子们在用熨斗熨烫已漂过的丝绸。

丝绸传说

　　黄帝打败蚩尤后，蚕神亲自将她吐的丝奉献出来以示敬意。黄帝命人将丝织成了绢，以绢缝衣，穿着异常舒服。黄帝之妻西陵氏嫘祖便去寻找能吐丝的蚕种，采桑饲蚕。后世民间崇奉嫘祖为养蚕的蚕神，黄帝为织丝的机神。采桑养蚕与制丝织绸，便成了中国古代社会几千年的基本劳作手段。从考古学界公认的说法来看，公元前 3700 ～前 3100 年（大汶口文化时期）中国已经有了丝绸织品。新石器时代晚期，先民已发明了丝绸织造和朱砂染色技术。到商代时丝绸生产已经初具规模，具有较高的工艺水平。此后形成了一个完整的染织工艺体系，使中国古代的丝绸染织技术领先于世界各国。

勒留的使者，于中国东汉桓帝延熹九年（166），自日南徼外来献珍物。从历史的发展来看，这一事件最足引人注意的，不在于东西方的皇帝之间有了最早的通聘，也不在于来者究竟是商人还是使臣，而是在于自红海、阿拉伯海、经孟加拉国湾以迄中国的南海，在这时已经形成了联结东西方的海上通道。此后阿拉伯商人之活跃于唐宋时期的中国东南沿海，明代郑和西航遍历自东南亚迄东非 30 余国，都使人不得不追忆这条海道的最初开辟。中国在亚欧大陆

印刷术

印刷术是中国古代四大发明之一。它开始于雕版印刷。1974年陕西西安唐墓出土的梵文《陀罗尼经》，印刷于7世纪，是现知中国和世界最早的雕版印刷品。经宋仁宗时的毕昇发展、完善，产生了活字印刷，并由蒙古人传至了欧洲，所

◇ 梵文《陀罗尼经》残片（1974年陕西西安出土）

以后人称毕昇为印刷术的始祖。中国的印刷术是人类近代文明的先导，为知识的广泛传播、交流创造了条件。

造纸术

造纸术是中国的四大发明之一，也是人类文明史上的一项杰出的发明创造。中国是世界上最早养蚕织丝的国家。古人以上等蚕茧抽丝织绸，剩下的恶茧、病茧等则用漂絮法制取丝绵。漂絮完毕，篾席上会遗留一些残絮。当漂絮的次数多了，篾席上的残絮便积成一层纤维薄片，经晾干之后剥离下来，可用于书写。这种漂絮的副产物数量不多，古书称它为方絮，这表明了中国造纸术的起源同丝絮有着渊源关系。东汉元兴元年（105）蔡伦发明造纸术，他用树皮、麻头及破布、鱼网等植物原料，经过挫、捣、抄、烘等工艺制造的纸，是现代纸的渊源。自从发明造纸术之后，纸张逐步在中国乃至世界传播开来。

几个文明中心之中，所处的方位是比较僻远的，能够较早地和其他中心发生陆上和海上的交往联系，说明古代各地区之间的闭塞只具有相对的意义。印度孔雀王朝与叙利亚塞琉西王国以及远至希腊、埃及之间，也是较早地就有了经济和文化交往，同样说明闭塞是相对的这一历史事实。逐步打开这种相对的闭塞，是从古就已开始的历史发展的趋势。

但是，不能对历史上这种横向发展估计过高。不论是陆上或海上，当时交换的物产较多是贵重珍品，数量不大，来往也不多，海上交往则更加有限。15 世纪末以前，海上交往大都局限于近海，或者附岸航行，或者逐岛跨渡，离陆地都不远。腓尼基人和希腊人在犹如一个大湖的地中海的活动是这样，中国人、印度人、稍后阿拉伯人在东南亚和南洋诸岛的经商、移民和传教布道也无不是这样。中

明代郑和西航

明永乐三年（1405），明成祖朱棣命郑和率领庞大的 208 艘海船、27000 余名船员组成的船队西航。从那时起一直到明宣德八年（1433），郑和船队一共远航 7 次之多，访问了爪哇、苏门答腊、苏禄等 30 多个西太平洋和印度洋国家，最远曾到达非洲东岸，以及红海和麦加。

◇ 郑和宝船

◇ 阿育王石柱遗址

孔雀王朝

　　古印度摩揭陀国最著名的奴隶制王朝。公元前325年，旃陀罗笈多（据说来自一个养孔雀的家族）率领旁遮普人赶走了马其顿军队，随后又推翻了难陀王朝，自立为王，于公元前323年建立孔雀王朝。定都华氏城（今巴特那）。其后孔雀王朝控制了印度河平原、恒河平原、孟加拉湾、德干高原和远到阿拉伯海的广大领域。阿育王在位时统一了除了现卡纳塔克邦以南及阿富汗的整个印度次大陆，并将佛教定为国教。约前187年（或前185）时，孔雀王朝被巽加王朝取代。汉朝和同时期的罗马帝国与印度的孔雀王朝有着当时世界上最先进的文明。

塞琉西王国

　　塞琉西王国，也译为塞琉古王国，是亚历山大帝国分裂后，亚历山大的部将塞琉古一世创建的王朝。塞琉西王朝是希腊化时期的主要国家之一，也是希腊化国家中版图最大的：以叙利亚为统治中心，西起小亚细亚、叙利亚、美索不达米亚，东达印度。公元前3世纪中叶以后，塞琉西王国日趋衰落。公元前64年，罗马大将庞培将叙利亚并为罗马帝国的一个行省。

国和日本之间，因为海面较阔，往来受到很大的限制。北魏之际及以前，日本人来中国必须经朝鲜遵陆而行。7世纪末至8世纪，当遣唐使全盛时期，才由日本横渡东中国海，到达长江口。但是因风漂失以至舟覆人亡的事故时有发生，因之往来仍然有限。在航海和造船技术有较大的改进以前，除了印度洋上因季候风的发现可作季节性的跨海航行而外，海上交往只能限于近海。就长距离而言，海路只能处于陆路的补充地位。这种补充不经常、不稳定，因之不可能充分发挥海运载量大、行程远的优势。渡越大海的航行，在前资本主义时期，不能说完全没有。北欧的诺曼人、维金人，曾经到达冰岛，漂过北大西洋到达格陵兰

腓尼基人

腓尼基人是历史上一个古老民族，自称为闪米特人，又称闪族人，生活在今天地中海东岸的黎巴嫩和叙利亚沿海一带，他们曾经建立过一个高度文明的古代国家，公元前10世纪～前8世纪是腓尼基城邦的繁荣时期。腓尼基人是古代最著名的航海家和商人，他们驾驶着狭长的船只踏遍地中海的每个角落，地中海沿岸的每个港口都能见到腓尼基商人的踪影。

◇ 向波斯帝国进贡的腓尼基人

◇ 日本遣唐使之船

遣唐使

7世纪初~9世纪末，日本为了学习中国文化，先后向唐朝派出十几次遣唐使团。公元630年，舒明天皇派出了第一次遣唐使，其后260多年间，奈良时代和平安时代的日本一共任命了19次遣唐使，其中任命后因故中止者三次，实际成行的16次。这其中有一次仅抵百济、两次作为送回唐朝专使的"送唐客使"、一次作为"迎入唐使"，所以名副其实的遣唐使是12次。遣唐使对推动日本社会的发展和促进中日友好交流作出了巨大贡献，成为中日文化交流的第一次高潮。

和文兰。但这是偶有的例外，对历史上的横向发展没有多大的实质意义。这样，依靠骆驼、马、人力的陆上交往，在古代和中古的亚欧大陆农耕世界，仍然是沟通各地区的主要通道。距离越远，行程的连续性越难保持，打开经济上互相闭塞的作用也就越有限度。离开亚欧大陆及与之毗

诺曼人、维金人

　　诺曼人是8～11世纪从北欧的日德兰半岛和斯堪的纳维亚半岛向欧洲大陆进行远征的日耳曼人。其中在不列颠岛、西欧、南欧等地定居的诺曼人很快被同化，在法国西北部建立公国的诺曼人则接受了法语、基督教和法国的政治制度，并于1066年在英格兰建立诺曼底王朝，同时又在意大利南部建立西西里王国。诺曼人还有另外一个名字：维金人（维京人）。"维金"指侵略峡湾临近国家的人，也就是"海盗"，这主要是因为中世纪欧洲的"海盗活动"正是发源于斯堪的纳维亚半岛。

◇ 1066年，法国诺曼底公爵威廉征服英格兰，在伦敦威斯敏斯特大教堂登基成为英格兰国王（1066～1087年在位），开始了诺曼王朝的统治。

连的部分非洲，远洋以外的世界就更一无所知。陆海交通的发展水平也限制着暴力的交往。任何古代的强大国家，不论是奴隶制帝国如罗马，或封建大帝国如唐代中国和阿拉伯帝国，其所进行的对外扩张，都不得不受农本经济发展水平所能提供的对军事的支持能力的限制，包括交通技术上的限制。而且，即使在这些强大国家统治所及的范围之内，占支配地位的也仍然是闭塞性的农本经济。农本经济不发生根本性的变化，这种闭塞状态就不会仅仅由于发生了和平或暴力交往而被彻底打破。

值得注意的是，在前资本主义闭塞状态中的亚欧大陆，随着陆上和海上的有限交往，各种思想意识和宗教信念却四向传播，分别在相当广泛的地区内移植、生根，留下长期的不可磨灭的影响。起源于西南亚一隅之地的基督教，

阿拉伯帝国

阿拉伯帝国（632～1258）是中世纪阿拉伯人建立的伊斯兰教国家。唐代以来的中国史书均称之为大食，西欧则称其为萨拉森帝国。阿拉伯帝国是政教合一的"哈里发"国家。到8世纪中叶，疆域东起印度洋，西临大西洋，南至撒哈拉，北迄高加索山，形成横跨亚、非、欧三洲的封建大帝国。帝国的政教中心原在麦加，倭马亚王朝时移至大马士革，阿拔斯王朝时又迁至巴格达，1258年被蒙古人所灭。阿拉伯商人的足迹遍及世界广大地区，在继承发展古代文明、沟通东西方文化上作出了重要贡献。

逐步向西方广泛传播，在一个长时期内在全欧洲成为支配社会生活的精神力量。中国儒家思想也传遍东亚，在朝鲜、日本、越南的地位，直到近代以前，几乎和在中国不相上下。印度的佛教在缅甸、斯里兰卡以及东南亚其他国家被普遍接受，传入中国后形成中国化的佛教，又由中国传到了日本。伊斯兰教因阿拉伯人的扩张而传遍中亚、西亚和

北非，后来又进入南亚与东南欧，形成与欧洲基督教世界并峙的伊斯兰世界。狭隘的、地方性的、相互闭塞的农本经济，在亚欧大陆各个主要地区，却支撑着越出国家和民族界限的三大宗教信仰和一个起着近似宗教作用的伦理思想体系。这是农耕世界不同地区间在横向联系中积累起来的一项极有历史意义的后果。

在游牧世界和农耕世界之间，也进行着和平的、有时是暴力的交往。游牧世界需要农耕世界的粮食、布帛和金属工具，农耕世界需要游牧世界的马匹和皮革。双方都要通过和平互市来满足各自的需要。但也存在着矛盾：游牧世界的各族，其中包括趋向农耕的部族，有时要进入富庶的农耕世界；农耕世界的统治者有时也要开边拓土，掠取游牧世界的土地。从公元前第 2 千纪中叶起，迄公元 13 世

儒家思想

也称儒教或儒学，由孔子（前551～前479）创立。孔子创立的儒家学说在总结、概括和继承了夏、商、周三代尊尊亲亲传统文化的基础上形成了完整的思想体系，逐步发展为以尊卑等级的仁为核心的思想体系，成为中国古代的主流意识形态，对中国、东亚乃至全世界都产生了深远的影响。

◇ 孔子像

游牧

　游牧是指终年随水草转移而游动放牧的一种粗放的草原畜牧业经营方式。牧民长期没有固定住所，过着逐水草而居的生活。

◇ 古代蒙古人骑射图

小亚细亚

　小亚细亚半岛位于亚洲西部、土耳其境内。北临黑海，西临爱琴海，南濒地中海，东接亚美尼亚高原。半岛内部的安纳托利亚高原海拔 800 米～1200 米，多湖泊、泥沼，荒漠草原广布。高原西部是较低矮的山地，山脉走向多与海岸线垂直。海岸线曲折，港湾众多，岛屿密布。半岛面积约 50 万平方千米，沿海地带为地中海式气候，内陆为亚热带气候。

纪，游牧世界各部族先后对农耕世界掀起了三次历时长久的移徙和冲击浪潮。最初的一次断续绵延到公元前第 1 千纪，进入农耕世界的主要是来自偏西北方的印欧种人，东至印度河，西至爱琴海，中部至两河流域和小亚细亚。也有闪米特人，进入两河流域和埃及，他们带来马驾的双轮战车，稍后南下的还使用了骑兵。第二次浪潮始于公元 2、3 世纪，直到 7 世纪。最早发动的主要是匈奴人、突厥人，后来还有进入黄河流域的鲜卑和拓跋诸部，进入波斯和印度的嚈哒，在匈奴压力下冲入罗马帝国的日耳曼各族以及稍后的斯拉夫各族，游牧的阿拉伯人也于公元 7 世纪冲入

印欧种人

　　一般认为，印欧种人生活在中欧或中东的某个地方，公元前3500~前2500年间开始向外迁移，一部分人去了西边的欧洲大陆，另一部分人去了东边的亚洲大陆。其后裔人种发生了很大改变，但是语言揭示出他们有着共同的祖先。印欧语系可分几大类：（1）罗马人的语言，即拉丁语，现在的意大利语、法语、西班牙语、葡萄牙语都起源于此；（2）希腊人的语言，即希腊语；（3）日耳曼人的语言，德语、英语和北欧诸国的语言都源于此；（4）凯尔特人的语言，包括苏格兰语和威尔士语；（5）印度－伊朗语族，包括波斯语、梵语和今天的印地语、乌尔都语、孟加拉语等；（6）斯拉夫语，包括俄语、波兰语、保加利亚语等；（7）波罗地海语，包括立陶宛语和拉脱维亚语。

西亚和中亚，以后扩张到北非和西南欧洲。最后一次浪潮起于 13 世纪。主要入侵者是蒙古人及与之联合的突厥人，冲击的范围最广，遍及亚欧大陆，但延续的时间却最短，到 14 世纪仅余尾声。自此而后，历经 3000 多年的游牧世界与农耕世界的矛盾大体定局。游牧世界各族在入侵时期的军事优势，当他们进入农耕地带，就在其自身农耕化和进一步农耕化的过程中逐渐消失。农耕世界一次又一次地把入侵的游牧、半游牧、趋向农耕的各部族吸收到自己的经济文化体系中来。三次移徙、冲击浪潮的结果，是游牧世界的缩小，农耕世界的扩大。亚欧大陆农耕世界以农为本的相对闭塞的经济，在与游牧世界的长期矛盾运动中，显示了它的优越性和韧性。彻底打破植根于农本经济的各民族、各国、各地区间的闭塞状态，还有待于新的历史力量，有待于跨入一个新的阶段的历史纵向和横向发展。

　　当亚欧大陆农耕世界即将进入一个新的历史转折时期

匈奴人

中国古代北方游牧民族。兴起于公元前3世纪（战国时期），秦汉时期称雄塞北，公元前1世纪时被汉武帝的大将卫青、霍去病等击溃，南匈奴臣服，北匈奴西迁。公元89～91年时，北匈奴再次被汉军击败，被迫远走伊犁河流域、中亚、顿河以东与伏尔加河等地。匈奴后人大多融入鲜卑，而鲜卑人又大部分融入了汉族。

◇ 匈奴虎噬羊铜饰牌（内蒙古乌兰察布市收集）

突厥人

突厥是中国历史上第一个有本族文字的少数民族。突厥原本是铁勒的一支，即战国、秦汉时的丁零，魏晋南北朝时的敕勒。5世纪中叶，突厥人成为柔然的种族奴隶，在今天阿尔泰山一带为柔然奴隶主锻铁，被称为"锻奴"。从5世纪后叶起，突厥人逐步摆脱奴役并建立起庞大的突厥汗国——东自辽水，西至里海，南达阿姆河，北抵贝加尔湖，把中亚、西域和蒙古草原统一了起来。隋初分裂为东西突厥，唐时部分归附、部分西迁至小亚细亚。

◇ 古代突厥人锻铁图

73

的前夕，撒哈拉以南的非洲内陆，美洲的中部和南部，都已兴起了文明和国家，其基础也在于农业。撒哈拉以南的非洲国家和北非伊斯兰诸国进行穿越撒哈拉大沙漠的贸易，用黄金、象牙换取手工业品，在交往中接受了伊斯兰教。它们在经济和文化上都已发展到相当高的水平。美洲中部和南部的阿兹特克人和印加人国家则处于完全和外界

撒哈拉大沙漠

　　阿拉伯语中"撒哈拉"即"大荒漠"，位于阿特拉斯山脉和地中海以南（约北纬35°），约北纬14°（250毫米等雨量线）以北，西起大西洋海岸，东到红海之滨。横贯非洲大陆北部，东西长达5600千米，南北宽约1600千米，总面积约900万平方千米，约占非洲总面积32%。撒哈拉沙漠是世界上除南极洲之外最大的荒漠，气候条件极其恶劣，是地球上最不适合生物生长的地方之一。

◇ 撒哈拉沙漠中的绿洲图（19世纪苏格兰探险家休·克拉珀顿绘）

隔绝的状态。他们的远祖是从亚洲移去的，但他们和亚欧大陆的文明却没有联系。古代中国人远渡墨西哥之说，目前不能论定，即使属实，也对 15 世纪以前美洲的闭塞状态无所裨补。中国在商朝已经有车有马。美洲印第安人在和西班牙殖民者最初接触的时候，还无车无马，连在同一大陆上的两大中心之间的交往都有困难，更不用说同美洲以外的文明发生横向联系了。孤立、闭塞，必然造成文明的停滞。

阿兹特克人

　　北美洲南部墨西哥合众国人数最多的一支印第安人。阿兹特克人创造了辉煌的阿兹特克文明，是古代墨西哥文化舞台上最后一个角色。阿兹特克人本来是北方的狩猎民族，13 世纪起侵入墨西哥，征服了原有的居民托尔特克人，并建立起阿兹特克帝国。在 16 世纪西班牙入侵之前，特诺奇蒂特兰是阿兹特克帝国的中心，人口达 20 万～30 万，是当时世界上最繁荣的城市之一。阿兹特克文化不仅具有自己民族的特色，还具备其他部落的特色。

◇ 阿兹特克第五太阳石。1790年在墨西哥城中心广场发现。直径近3.7米，重约25吨，刻有阿兹特克宗教传说中创世以来四个时代的图像。

◇ 印加文明马丘比丘古城遗址。城址修筑在海拔2400余米的山峰上，保存完好，城中的因蒂瓦塔纳神庙和三窗神庙，是现存遗迹中最能展示印加建筑艺术的代表性遗址。

印加人

又称印卡人，南美洲古代印第安人。"印加"（Inca）的意思是"太阳的子孙"。主要生活在安第斯山脉中段，中心在秘鲁的库斯科城。在美洲印第安人的历史上，印加人创建了最严密的帝国结构。贵族是由库斯科王室氏族成员，即"血统印加人"和其他部落中因战功而受封的"特权印加人"组成。除国王、贵族，还有僧侣、平民和奴隶几个等级。印加人的基层社会组织"艾柳"，由同一血统和图腾的人组成。两个以上的艾柳组成村落。一般社会组织是部落联盟，由代表部落的议事会治理。印加人的主要作物有马铃薯和玉米，还创建了复杂的人工灌溉系统和梯田，擅长采矿和加工金属，制陶和纺织也达到很高水平。此外，古代建筑业闻名于世，寺庙、宫殿、天文台、石堡的残迹，今仍为世界奇观。印加文化与玛雅文化、阿兹特克文化一起，对南美文化产生了深远影响。

从 15、16 世纪开始，历史进入一个新的转折时期。亚欧大陆农耕世界的相对闭塞，撒哈拉以南非洲与亚欧大陆之间在更大程度上的闭塞，美洲、大洋洲与世界其他地区的完全隔绝——这些现象都逐步发生全面改观。15、16世纪是历史发展为世界历史的重大转折时期。转折之所以发生，是因为在亚欧大陆农耕世界的内部，首先在西欧，社会经济发生了前所未有的根本变化。人类历史的前资本主义时期因这个变化而归于结束，资本主义开始以其新的生产力和生产关系出现在历史的地平线上。

◇ 中世纪的欧洲太平洋地图

资本主义在西欧的萌芽和发展，不断侵蚀以农为本的自然经济。资本主义通过市场交换以实现利润的经济和闭塞的农本经济两不相容。资本主义一经产生，就必定不断扩大市场交换的范围，伸入并占有原来封闭的农本经济的阵地，无止境地向可能达到的各个角落扩展。它突破地理的自然界限和国家疆域，最大限度地为销售其商品而开拓市场。由中古后期积累起来并得到改进的航海和造船技术，适应西欧新兴资产阶级的需要，为他们的海外扩张提供了必要手段。C.哥伦布打开大西洋的航线之后，西方资产阶级走遍全球，凡海水所及之处，几乎无处没有他们的踪迹。于是，世界不再是亚欧大陆加上地中海南岸的世界。南北美洲、撒哈拉以南非洲的东西两岸、稍后还有大洋洲，都加入以亚欧大陆为主体的文明世界。世界的范围空前扩大了。与此同时，由于各民族、各地区之间在经济上的联系越来越密切，闭关自守状态越来越彻底地被打破，世界也变得更为紧缩了，由分散的世界渐渐成为一个初见其全貌的整体世界。历史发展到这个时期，才开始成为世界的历史。这是从原始人类为寻求食物分支向地球各

改进的航海和造船技术

西欧造船技术的进步、指南针的运用、地理知识的积累以及地圆说的传播，是新航路开辟的重要前提条件之一。1200～1500年，欧洲船舶吨位平均增加一到两倍。600吨～800吨的圆体帆船，代替了150吨～200吨的长型单层甲板帆船。13世纪开始使用船尾舵，迅速代替了陈旧的、低效率的边舵。14世纪，葡萄牙人对阿拉伯三角帆船的索具进行了改进，使船只更适于迎风航行。船体结构和船帆索具方面的进步，其结果是船体更大，速度更快，操作更灵敏。

造船技术的进步是与航海技术的进步，尤其同指南针、星盘和新地图的有效使用携手并进的。中国的指南针传入欧洲后，使欧洲的航海家们在茫茫的大海上不会迷失方向，大大提高了远洋航行的安全。而新地图是根据精确的罗盘方位和海岸线及港口的详情绘制而成的。

C.哥伦布（约 1451 ～ 1506）

意大利航海家。生于意大利热那亚，卒于西班牙巴利亚多利德。一生从事航海活动，先后移居葡萄牙和西班牙。在西班牙国王的支持下，他先后 4 次出海远航（1492 ～ 1493，1493 ～ 1496，1498 ～ 1500，1502 ～ 1504），先后到达巴哈马群岛、古巴、海地、多米尼加、特立尼达等岛，开辟了横渡大西洋到美洲的航路。他在帕里亚湾南岸首次登上美洲大陆，但误认为到达的新大陆是印度，并称当地人为印第安人。哥伦布的航行发现和利用了大西洋低纬度吹东风，较高纬度吹西风的风向变化，证明了大地球形说的正确性，促进了旧大陆与新大陆的联系。

◇ C.哥伦布像

地移动直到资本主义开辟世界市场这一经历悠远行程的历史发展的结果。历史的横向发展，到这时达到空前未有的广度。

约自 16 世纪起，资本主义发展较早的西欧国家一反农本的传统，采取重商主义政策，借以促进海外贸易和殖民活动，鼓励资本原始积累，扶植为适应国外市场的工业生产。由农本而重商，是资本主义发展初期西欧国家在经济上的重大转变。在同一时期，亚欧大陆东部几个发展水平即使不超过但也绝不低于西欧的国家，包括中国和日本，却故步自封，限制甚至放弃海上活动，以闭关自守为得策，维护传统的农本经济。在西欧，尤其是在英国，资

重商主义

重商主义也称"商业本位"，是18世纪在欧洲受欢迎的政治经济体制，反映了资本原始积累时期商业资产阶级的利益。它建立在这样的信念上，即一国之国力，建立在贸易顺差所能获得的财富基础之上。因而主张国家干预经济生活，禁止金银输出，增加金银输入，认为政府应当管制农业、商业和制造业，发展外贸垄断，以高关税及贸易限制来保护国内市场。以此为基础的经济政策到19世纪中叶时逐渐被废弃。

◇ 奉行重商主义的普鲁士国王腓特烈二世
（18世纪版画）

产阶级推翻封建统治取得政权以后，重商政策有力地促进了资本主义的发展。到18世纪中叶，英国首先发生以大机器生产和广泛采用蒸气动力为标志的工业革命。这是人类物质生产史上继农耕和畜牧的发生即人类由食物采集者转变为食物生产者之后又一次意义深远的飞跃。

英国发生工业革命之后，法国以及西欧其他国家跟踪而起，工业产量和对外贸易大幅度增长。从此，原来亚欧大陆农耕世界东西两端发展水平大体相当的局面，最后失去了平衡。西方经过重商主义阶段实现了工业革命，摆脱了传统的农本经济，从而对固守农本的其他国家取得了决定性优势。这个优势是新涌现的工业世界对农耕世界的优

工业革命

　　工业革命又称产业革命，指资本主义工业化的早期历程，即
是以机器生产逐步取代手工劳动、以大规模工厂生产取代个体工
场手工生产的革命性变化，后来又扩展到其他行业。工业革命是
资本主义经济发展的客观要求决定的，同时也从政治、资本、技
术、市场等领域为革命提供了前提。工业革命使人类跨入了机器
时代，生产力巨大发展，社会阶级结构也形成了工业资产阶级和
无产阶级的对立。革命拉大了东西方社会进步的距离，完成了工
业革命的西方国家，打开了亚、非、拉落后国家的大门，把整个
世界纳入了资本主义的商品经济体系。

◇ 法国第一辆庞阿尔－勒瓦索尔汽车。图中勒瓦索尔掌握着方向器，在他旁边
的是普莱亚德先生，坐在后面的是勒瓦索尔夫人和庞阿尔本人。勒内·庞阿尔
和埃米尔·勒瓦索尔是早期的机动车先锋。庞阿尔是第一个将内燃机装到汽车
底盘上的工程师和设计师。

势。西方资本主义国家挟此优势向世界各个地区实行了猛烈的血与火的扩张，任何闭关的壁垒都在这个优势的冲击下失去抵制的能力，到处门户洞开，成为资本主义的国际市场、原料和劳动力供应地、投资牟利的乐园。美洲、非洲、西亚、南亚、西南太平洋诸岛、大洋洲，先后沦为殖民地，虽则美洲由白人及其后裔居留的部分殖民地稍后取

殖民地

　　殖民地是指由宗主国统治，没有政治、经济、军事和外交方面的独立权利，完全受宗主国控制的地区。广义的殖民地还包括虽然拥有行政机关、军队等国家机器，但经济、军事、外交等一方面或多方面被别国控制的半殖民地国家和保护国，以及委任统治地、托管地，以及殖民主义国家在这些地区设置的"海外领地"、"附属地"、"海外省"等。第二次世界大战后，世界上大多数殖民地获得独立，旧的世界殖民体系不复存在。从殖民地的性质上来说，大致可分为拓殖型殖民地、资源掠夺型殖民地和商业殖民地三类，它们是随着资本主义的发展进程而顺次出现的。

◇ 乔治·华盛顿渡过特拉华河（绘画）。1776年12月，华盛顿率军渡河突袭英国殖民军的大本营。

得了独立。其他地区，包括很多欧洲国家，都不得不在西欧工业巨大优势的影响和压力之下，先后不一地作出反应。反应是曲折的，但其主要内容总不出两点：第一，推倒或改造建立在农本经济基础上的封建统治；第二，实现工业化。

反应的总的结果是新兴工业世界范围的扩大。中欧、南欧、北欧、东欧、包括沙皇统治下的俄国，最先步武西欧的后尘，或者在资产阶级取得政权之下，或者适应资产阶级的要求，实现资本主义工业化。农业也脱离封建主义农本经济的旧轨，在经营方式上，在操作技术上，开始了与资本主义工业化相适应的发展。由此而来，亚洲的几个主要国家奥斯曼帝国、萨非王朝的伊朗、莫卧儿王朝的印

奥斯曼帝国

奥斯曼帝国（1299～1922）是土耳其人创立的国家，地处东西文明交汇处，掌握东西文明陆上交流达600年之久。极盛时更地跨欧、亚、非三洲。在帝国衰败时，一些政治家为摆脱危机，实行了一系列的改革，但均收效甚微，却扩大了西方列强对土耳其政治和经济上的影响。第一次世界大战参加同盟国作战失败后，其领土仅保有土耳其本部。1919年凯末尔领导了资产阶级革命，国民政府1922年罢黜了穆罕默德六世，苏丹制也被废除，奥斯曼帝国告终。

◇ 奥斯曼帝国军队攻打维也纳（绘画，1683）

萨非王朝

　　1502～1736年统治伊朗的封建王朝。因王朝始祖是萨非丁（1252～1334），故名伊斯梅尔一世（1502～1524年在位）将伊斯兰教什叶派定为伊朗国教，统一了伊朗各省，是伊朗从中世纪向现代时期过渡的中间时期。萨非王朝在阿拔斯一世（1587～1629）统治时期达到顶点，疆域包括今天的伊朗、伊拉克、亚美尼亚、阿塞拜疆、格鲁吉亚以及土库曼斯坦、乌兹别克、阿富汗和巴基斯坦的一部分。阿拔斯二世之后萨非王朝开始衰落，最终被阿夫沙尔王朝取代。

◇ 萨非王朝王宫

度、清朝统治下的中国、幕府统治下的日本，也各个作出不同的、后果不一的反应。日本的反应取得很显著的效果。封建的幕府被迫还政天皇。通晓西方经济和政治制度的改革家与日益壮大起来的商人、企业家相结合，实行资

84

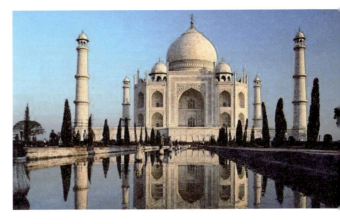

◇ 泰姬陵。该陵是印度莫卧儿王朝皇帝沙杰汗为爱妃蒙泰吉·玛哈尔建造的陵墓。沙杰汗死后也葬于此。位于印度北方邦阿格拉城外，建于1630～1653年，为印度伊斯兰建筑的代表作。

莫卧儿王朝

　　1526～1858年统治南亚次大陆绝大部分地区的伊斯兰教封建王朝，又名蒙兀儿王朝。统治者是有突厥血统的蒙古人，是帖木儿的后裔，信奉伊斯兰教。自第三任皇帝阿克巴一直到第六任奥朗则布统治时期，莫卧儿帝国达到鼎盛，奥朗则布驾崩后莫卧儿帝国开始衰退。1857年，印度民族起义爆发后，英国击败西帕衣团，彻底毁灭了已经衰弱的帝国，在印度建立起殖民统治。莫卧儿王朝沦为英国殖民者的附庸，名义上存在到1858年。

◇ 帖木儿骑马像。帖木儿（1336～1405）出生于察合台汗国的一个信奉伊斯兰教的突厥化蒙古贵族家庭，成吉思汗七世孙，巴鲁剌思氏。1369年，他建立了帖木儿王朝。随后征服波斯、花剌子模、伊儿汗国和阿富汗；1398年南侵印度；1402年大败奥斯曼帝国，使其帝国成为从帕米尔高原到小亚细亚、阿拉伯半岛的大帝国。1405年率军进攻明朝，结果途中病死。其帝国也开始分裂。1526年，帖木儿的后裔巴布尔南下印度建立了莫卧儿王朝。

幕府统治下的日本

幕府是古代日本的中央政府机构，权力曾一度凌驾于天皇之上。其最高权力者为征夷大将军，也称幕府将军，常以"挟天子以令诸侯"的方式统治国家。日本历史上共经历了镰仓幕府、室町幕府、江户幕府三个幕府时期，长期闭关锁国进行封建统治，后在倒幕运动的压力下还政于天皇。幕府统治始于1192年镰仓幕府建立，至1867年江户幕府的德川庆喜还政于天皇结束。

◇ 德川家康像。德川家康（1543～1616）是日本17世纪时德川幕府（江户幕府）的开创者。

产阶级革命性质的维新，迅速把日本引向资本主义工业化的道路（见明治维新）。中国建立在农本经济上的专制统治已经有了2000多年的历史，农民反封建反殖民侵略的斗争遭到它的镇压。在日本维新30年后，中国一部分力量微弱的开明派也推动维新，但是"百日"而已，转瞬失败。19世纪，奥斯曼帝国也先后进行了改革，发生过政变，但其短促命运与中国清末的维新相去无几。萨非王朝的伊朗和莫卧儿王朝的印度也在19世纪发生过反封建、反殖民统治的人民起义和各种改良运动，但同样以失败结局。这些国家的革命和民族独立，到20世纪还要经历一番曲折的过程。在西方殖民主义者的控制或直接支配之下，这些东方国家的民族工业虽多少有所发展，但在日益扩大

明治维新

　　日本明治政府在倒幕运动胜利以后进行了一系列改革。首先以"奉还版籍"、"废藩置县"的措施，结束了日本长期以来的封建割据局面，为建立中央集权国家和发展资本主义经济奠定了基础。此后又实施了富国强兵、殖产兴业和文明开化三大政策。富国强兵，就是改革军警制度，创办军火工业，实行征兵制，建立新式军队和警察制度，它是立国之本；殖产兴业，就是引进西方先进技术、设备和管理方法，大力扶植资本主义的发展；文明开化，就是学习西方文明，发展现代教育，提高国民知识水平，培养现代化人才。到 19 世纪末，日本渐趋富强，逐步废除与西方列强签订的不平等条约，摆脱了沦为殖民地的危机，同时也一步步走上了军国主义道路。

◇ 明治天皇身穿欧式军装留影（摄于 1877年）

的、以西方为中心的工业世界中仍处于一种依附的、无自主权的地位。亚欧大陆农耕世界自莱茵河以东迄日本列岛，各国对西欧新兴工业世界的冲击所作的不同反应，经历了新旧制度、新旧社会阶级、新旧思想意识的批判和斗争，是近 200 年世界历史横向发展的一大主题。

　　两个多世纪以来，资本主义工业世界经历了自由资本主义、垄断资本主义以至国家垄断资本主义诸阶段。它以工业革命和现代科技的巨大动力，实现了人类历史空前未有的纵向和横向发展，不论是发展速度或规模，前资本主义的任何时代都无与伦比。但在不断扩大和发展的同时，它面临着难以解救的矛盾。首先是资本主义制度的内在矛盾，即生产社会化和生产资料私人占有的矛盾。这个矛盾不断表现为无产阶级对资产阶级的斗争，斗争有张有弛，矛盾却从未消失。不仅如此，与资本主义势力国际化的形势相应，这个斗争又发展为国际化斗争，形成有完整政治纲领的、联合全世界无产者的国际共产主义运动。其次是殖民地附属国与殖民主义宗主国之间的矛盾。这个矛盾遍及亚、非、拉美诸大洲，发展为殖民地民族解放运动与国际共产主义运动的广泛结合，形成对资本主义工业世界国

◇ 美国波士顿倾茶事件。1773年12月，当地居民乔装成印第安人，把300箱茶叶倾入波士顿海港，抗议英国政府强加的苛税。由于1765年《印花税法》的实施，大大加重了英属殖民地美国的税收，并引发了5年后，即1773年的波士顿倾茶事件，这次事件成了美国独立战争的导火索。

◇ 尤里卡围栏事件。1854年，澳大利亚新南威尔士的淘金矿工因不满英国殖民当局征收"牌照费"，在烧毁了执照和拒绝投降后，遭到英军在维多利亚尤里卡的袭击。

尤里卡围栏事件

　　1854年12月3日，墨尔本殖民当局军队袭击维多利亚尤里卡围栏内的矿工。这是矿工们烧毁了他们的执照并拒绝投降后与军队发生的冲突，即"尤里卡围栏事件"。当时，被称为"掘地者"的尤里卡采金地的矿工们，为抗议殖民政府发放开矿许可证时索要高额税费的做法而举行示威，并修筑围栏抵制军警进入，结果遭到军队的袭击，造成重大伤亡，酿成轰动一时的"尤里卡围栏事件"。

际秩序的巨大威胁。同时，存在于各大殖民主义国家之间的矛盾，还曾引起多次的殖民争霸战争，在不到半个世纪的时间里，爆发为两次世界大战，更番削弱了各殖民大国的统治势力。以殖民主义大国为核心的资本主义工业世界，其历史支配地位并不巩固。

资本主义发展阶段

自由资本主义

　　自由资本主义是以自由竞争为特征的资本主义，又称垄断前资本主义，是资本主义发展的上升阶段，从19世纪初开始到70年代达到其发展的顶点。自由主义者在经济上主张国家不干预资本家的经济活动，实行自由经营、自由竞争和自由贸易，迫使资本家加强经营管理，改进生产技术，提高劳动效率和产品质量，降低生产成本。从而促进资本主义生产力的迅速发展。在政治上要求民主、共和，提出"自由、平等、博爱"等口号，要求进一步革除工场手工业时期留下的封建残余，为工业资本主义的发展扫清道路。这种自由竞争是盲目的，从而造成经济危机周期性爆发。但自由资本主义也在很大程度上推动了经济的发展和科学技术的进步，促进了生产和资本逐步集中。

◇ 19世纪初一家纱厂的女工和童工

垄断资本主义

　　垄断资本主义即帝国主义，是在资本主义生产力和生产关系的矛盾进一步发展的基础上，在生产和资本加速集中的过程中，于19世纪末20世纪初形成起来的。1873年的世界经济危机，标志着资本主义制度开始由自由竞争阶段向垄断阶段过渡。19世纪最后30年发生的技术革命，以及引起的以重工业为中心的经济巨大发展，为实现这个过渡奠定了物质基础。

国家垄断资本主义

国家垄断资本主义,是资本主义国家同私人垄断资本结合形成的垄断资本主义,实质是垄断资本直接控制和利用国家政权,让国家成为总的垄断资本家,通过国家干预和调节社会经济生活来保证垄断资本获得高额垄断利润、维持社会经济生活的正常运转。

殖民地民族解放运动

民族解放运动是指殖民地半殖民地和一切被压迫民族人民反对帝国主义、殖民主义、霸权主义和种族主义,争取民族独立和民族解放的革命运动。19世纪末20世纪初,亚洲、非洲、拉丁美洲成了帝国主义的原料产地、投资场所、倾销地和军事基地。这时,帝国主义殖民地体系已经形成,世界划分为压迫民族和被压迫民族。殖民主义、帝国主义的剥削和掠夺,使殖民地半殖民地人民的民族觉醒,使民族问题从欧洲反对民族压迫的国内问题变为各被压迫民族、各殖民地半殖民地从帝国主义压迫下解放出来的国际问题,即民族殖民地问题,在十月革命影响和共产国际的推动下,亚洲、非洲、拉丁美洲许多国家先后建立了共产党,建成了反帝民族统一战线。民族解放运动的浪潮席卷全球,帝国主义殖民体系的危机已经开始。世界人民反法西斯战争的胜利和中国革命的胜利,进一步加深了这种危机,加速了殖民体系瓦解的进程。

◇ 秘鲁独立解放运动领袖西蒙·玻利瓦尔(1783~1830)像

第一次世界大战期间俄国十月革命的胜利和第二次世界大战后许多中欧、东欧、亚洲国家人民民主革命、特别是中国革命的胜利，开创了世界历史的新局面。由此开始，历史上就出现一个与资本主义工业世界相对立的、以实现生产资料公有、消灭阶级剥削为特征的、方在新生阶段的社会主义工业世界。这对于在近两个多世纪以来一直居于支配地位的资本主义工业世界，是一个无可回避的历史性冲击。是资本主义工业世界的继续存在和发展，还是社会主义工业世界的成长壮大以至最后代之而起，成为当代世界全局性矛盾的焦点。人类已有的历

第一次世界大战

第一次世界大战（1914～1918）是一场发生在欧洲但波及到世界的世界大战。战争过程主要是同盟国和协约国之间的战斗。德意志帝国和奥匈帝国是同盟国，英国、法国、意大利、俄国和

塞尔维亚是协约国。意大利虽然开始是同盟国，但后来加入了协约国。这场战争中约有6500万人参战，1000万人丧命，2000万人受伤。战后，沙皇俄国、德意志帝国、奥匈帝国、奥斯曼土耳其帝国四大帝国覆灭，民族国家则随之而起；凡尔赛体系对战后欧洲及国际关系的发展有着重要的影响；"西方没落"了，英法意势力大损，美日兴起。

◇ 第一次世界大战中，西部战线的协约国士兵在战壕中准备发起进攻。

◇ 苏军攻占德国国会大厦（1945年4月30日）

第二次世界大战

　　第二次世界大战（1939～1945），是迄今人间进行的规模最大、伤亡最惨重、破坏性最大的全球性战争。交战双方是以中国、美国、英国、法国、苏联等组成的同盟国，和以德国、日本、意大利等军国主义国家组成的轴心国集团。战争进展到最高潮时，共有61个国家和地区参战、19亿以上人口卷入战争，战火遍及欧、亚、美、非及大洋洲，和大西洋、太平洋、印度洋及北冰洋四大洋。最后第二次世界大战以同盟国的胜利而结束。战后出现了社会主义和资本主义两大阵营的对峙，并开始分化；客观上推动了现代经济的迅速发展；形成了以"冷战"为主的国际关系；民族解放运动向纵深发展，帝国主义殖民体系彻底崩溃，第三世界兴起。

◇ 18世纪末19世纪初的法国克勒索。该城是欧洲大陆煤、铁联合生产金属冶炼的典型工业城市。

　　史智慧还不能断言，这个全局性的矛盾将怎样解决，要经历多少代人才能解决。不过，随着近若干年来形势的推移，有一点可以说已初见端倪：两个世界正在由对抗转向对话，并存和互相竞争的局面也正在逐步形成。人所共知，以现有的条件，并存的任何一方都不可能以军事手段压倒或消灭对方。所以可以预期，这个并存和互相竞争的局面不会短暂。并存与竞争是相联系的，并存的任何一方为求得和保持超越对方的优势，必将采取各种改善自己所处地位的措施：资本主义工业世界将实行缓和自身矛盾的改革，社会主义工业世界也将实行完善自身体制的改革。在并存和竞争的长过程中，任何一方实施的变革都将不可避免地受到另一方的制约和影响。因之

◇ 欧文像。欧文（1771~1858）是英国空想社会主义的代表，企业家、教育家。1800年，在苏格兰格拉斯哥新拉纳克进行乌托邦式的实验，并取得成功。1824年在美国试办共产主义新村，在晚年还明确地提出共产主义的主张。但他把希望寄托在统治者的仁慈上，以为单靠知识的传播就可消除社会矛盾。他是合作运动的创始人，也是英国工会最早的组织者之一。

可以设想，两个世界并存、竞争的局面，同时也是两个世界在相互制约、相互影响下不断发生变革的局面。

社会主义工业世界各国建国的历史还很短，取得革命胜利和建立社会主义制度最早的至今也不到四分之三世纪。它们原有的经济基础都比较薄弱，现代工业化水平不论在深度或广度上都还难以和有较长工业化历史的资本主义发达国家相比。生产力发展水平的高低，决定着社会主义工业世界对资本主义工业世界冲击力的强弱。迄今为止，新生的社会主义工业世界所能加于资本主义工业世界的冲击力，还不足以比拟当年新生资本主义工业世界所曾加于传统农耕世界的冲击力。社会主义工业世界还远没有像当年资本主义工业世界那样，在向对立一方的冲击中取得压倒的优势。但是，从历史的长期趋势说，目前存在的两个世界力量的差距，不会到此就成定局。随着两个世界并存和竞争局面的持续存在，在不断变革中的双方力量的对比，必将发生不同于目前的变化。如果历史学家可以稍稍越出既成的历史，略一展望资本主义工业世界和社会主义工业世界的未来，那么，对于两个世界在长期并存、竞争局面下各自面临的问题、形势所要求的变革倾向以及由变革导致的可能前景，都不妨作一概然的、趋向性的估计。

从长期而论，资本主义工业世界必须面对的根本问题，仍然是生产社会化与生产资料私有制之间的矛盾，亦即劳动者与资本家之间的矛盾。资本主义国家曾经为缓和这一矛盾采取各种改革措施，如运用立法手段实行劳动者权利和生活福利保障的社会化、资本的部分所得的社会化、文

◇ 马克思在撰写《资本论》。1867年9月14日马克思发表了《资本论》第一卷。第二卷、第三卷在他逝世后由恩格斯整理，分别在1885年、1894年出版。《资本论》论述了资本主义社会的经济运动的规律，揭露了资本主义的内在矛盾，揭示了资本家对工人剥削的秘密在于占有工人的剩余价值，科学地论证了资本主义必然灭亡社会主义必然胜利，从而把他的社会主义学说置于牢固的科学基础上。它成了无产阶级反对资本主义的最锐利的理论武器。

◇ 英国宪章运动支持者集会。英国宪章运动，19世纪30~40年代欧洲著名三大工人运动之一，是英国工人阶级第一次全国性反对资本主义制度的政治运动。1838年，英国工人协会发表《人民宪章》，争取普选权，借以推动政治改革，宪章运动由此得名。

化和教育设施的社会化等等。可以说，资本主义世界各国的这类改革，已经比较明显地具有社会化的倾向。未来两个世界长期并存和竞争的局面，对于资本主义国家的这类改革，无疑将会给予新的推动。改革社会化的倾向不仅将持续下去，而且还会出现这样的可能，即当社会主义工业世界在改革中取得比较显著的进展，资本主义国家内部的社会多数对抑制资本强化了要求，这类变革就可能迫于竞争的形势，不得不越出已有的范围，进一步向所有制领域延伸。近些年来某些资本主义国家在大企业国有化方面屡进屡退，不只是当政者在政策上摇摆不定的反映，也是变革生产资料所有制在资本主义国家已非禁区的反映。资本主义制度是历史上较有弹性的制度，它能包容和承受一些开明的或出于社会下层要求的社会化变革。一旦这类变革深入到资本所有制的领域，由此引起资本所有制发生多层次的变化，以至突破资本主义制度所能包容和承受的限度，那就势将在所有制这个规定社会阶级结构的根本问题上向资本主义制度的临界线外跨越。由此而来的可能前景，将是实现资本主义制度对其自身否定的历史蜕变。实现这一历史蜕变的方式，将取决于各国社会化变革的历史积累和阶级关系，以及未来世界的历史环境。应当看到，资本主义国家社会化变革的历史积累，以及由此可能导致的资本主义制度自身的蜕变，是估计未来世界的一个重要方面。

　　社会主义工业世界面临的问题和资本主义工业世界有本质上的区别。它并非出于社会主义制度自身所固有的矛盾，而是历史遗留下来的困难：一是工业化起步晚、水平低；一是历史传统负荷重，经济和政治体制不健全、不完善，不能适应现代工业化的要求。当前，社会主义国家进行的改革，总的倾向是消除历史遗留的困难，有选择地吸取资本主义工业世界的科学技术、管理方法和市场机制等经验，以此加快现代工业化的进度。在未来两个世界长期并存的局面下，这一改革倾向势将持续。不如此，不足以强化对资本主义工业世界的竞争能力。这一改革越持续深入，越是在改变束缚经济活力和劳动创造力的僵化体制方面、在以公有制为主和确定公有私有的权益界限方面、在扩大政治民主和健全法制等方面取得成效，社会主义工业世界吸取不同历史经验并且创造性地用于自身发展的能力就越强，在工业化水平上赶上以至超过资本主义工业世界的可能性也就越大。由此而来的可能前景，将是社会主义制度的逐步成熟和完善，不仅在生产资料公有制方面，而且在生产力发展水平方面，都将显示出优越于资本主义制度。一旦社会主义工业世界出现了几个领先的国家，在工业化的主要方面赶上并超过资本主义工业世界的发达国家，两个世界的量对比就必将随之发生根本变化，整个世界的形势也将大为改观。曾经徘徊于两个工业世界之间的、基本上还滞留在传统农耕世界的国家，将会更多地倾向社会主义，经由不同途径走上社会主义工业化的道路。社会主义国家坚持无产阶级政党领导和坚持社会主义道路的经济政治制度在不断改革中趋向成熟和完善，以及由此引起的对世界历史的深远影响，是估计未来世界的一个更为重要的方面。

当代两个世界的问题，比以上所概述的远为复杂。在两个世界并存和相互竞争的局面下，两种社会制度的矛盾和斗争不会自然消失。资本主义世界的敌视社会主义势力，在反对其内部变革的同时，仍然会以政治、经济和文

◇ 上海浦东新区

化的手段，以公开或隐蔽的方式，向社会主义国家渗透，甚至伺机颠覆，借以实现其"和平演变"的战略意图。社会主义国家为巩固和发展改革的成果，必将采取相应的反

和平演变

　　"和平演变"一词出现于第二次世界大战后的冷战时期，由美国国会议员杜勒斯在20世纪50年代初提出。和平演变是一种非暴力的衍生变化过程。西方资本主义国家在利用武力侵略不能将社会主义国家消灭的情况下，通过采用技术交流、文化交往等方式影响社会主义国家人们的心理、行为方式，进而使社会主义国家的生活方式、国家运行变成资本主义式的，从而在不动声色中消灭社会主义国家。按照尼克松的解释，"和平演变"战略的一个基本思路是"寻找一种办法越过、潜入和绕过铁幕"，在两制度之间进行一场"和平竞赛"，"这种竞赛将会促进他们的制度发生和平演变"，以使"共产主义从内部解体"。

◇ 俄罗斯莫斯科红场

渗透、反颠覆、反"和平演变"的措施，对国际和国内敌
对势力实行遏制和反击。两个世界各有许多历史不同、现
状互异的国家，在历史新旧嬗递之际，各国变革的轻重缓

"冷战"（1947~1991）

　　"冷战"（Cold War）一词是1947年4月16日美国参议员伯
纳德·巴鲁克在南卡罗来纳州哥伦比亚的一次演说中首次提到
的。第二次世界大战结束后，美国对苏联和其他社会主义国家采
取了敌视和遏制政策，因此巴鲁克说："美国正处于冷战方酣之
中。""冷战"与"铁幕"一词同时流行，表示美苏之间除了直接
战争外，在经济、政治、军事、外交、文化、意识形态等方面都
处于对抗的状态。

◇ 德国柏林墙。原名"反法西斯防卫墙"。1964年建成，1990年拆除，长
169.5千米。是德国首都柏林在第二次世界大战以后，德意志民主共和国（简称
民主德国或东德）在己方领土上建立的围墙，目的是隔离东德（含东德的首都
西柏林）和德意志联邦共和国（简称联邦德国或西德），从而阻隔东西柏林之
间市民的往来。柏林墙的建立，是第二次世界大战以后德国分裂和冷战的重要
标志性建筑。

急、进退成败，将呈现出纷繁多变、风波时起的局面。但就历史发展的总趋势和前文估计所及而言，两个世界并存和竞争的局面，在经过相当长期的、不能预见其断限的演变之后，有较多可能会引向有利于资本主义制度自身的蜕变和社会主义制度自身的完善。这两大变化一旦成为现实，整个世界就会出现一个全新的趋势：资本主义工业世界将由此趋向收缩；社会主义工业世界将由此趋向扩大。世界历史的纵向和横向发展，也将由此进入一个更高层次的新的时代。

当前的人类社会，正在面临能源日渐枯竭、环境严重污染和破坏等巨大难题的困扰。世界历史新时代的来临，必将使科学技术的发展纳入为全人类而不是为私有资本服务的正轨。对困扰人类社会的难题也将有可能在全世界的通力协作之下，排除因私有资本维护其既得利益造成的障碍，求得合理而有效的解决途径。当前多数贫国与少数富国之间加速扩大的差距，也将随着各种公开的、隐蔽的殖

◇ 一些国家采取措施，减少污染物排放或采用高烟囱使污染扩散，大气的污染情况有所减轻。

能源日渐枯竭

　　能源日渐枯竭的一个突出表现，就是石油价格牵一发而动全身。20世纪70年代以来，已经出现了三次石油危机，每次都使世界各国如临大敌：第一次石油危机发生于1973年第四次中东战争期间，油价猛涨两倍多，触发了战后最严重的全球经济危机——持续三年的石油危机使美国工业生产下降了14%，日本工业生产下降了20%，工业化国家的经济增长都明显放慢；第二次石油危机发生于1978年底，伊朗政局的剧变和两伊战争的爆发，影响了全球石油的产量，油价在1979年开始暴涨，使得当时西方经济全面衰退；第三次石油危机发生于1990年，伊拉克遭受国际经济制裁无法供应原油，国际油价则持续走高，美、英经济加速衰退，全球GDP增长率在1991年跌破2%。

◇ 1973年石油危机中，德国公路上的"马拉汽车"。

民剥削方式的废除和社会主义工业化的广泛发展而逐步缩小以至消灭。世界历史的合理未来——合理地生产、合理地分配、合理地应用科学技术、合理地满足人类群体和个体不断提高的物质生活和精神生活的需要，不在于资本主义工业世界的补苴延续，而在于社会主义工业世界的更新继起，在这个更新继起之中，也包括资本主义制度自身的蜕变。历史是很少直线发展的。资本主义工业世界的削弱、收缩以至蜕变，社会主义工业世界的成长、扩大以至最后遍及整个世界，必然要经历悠长的、曲折艰难的道路。但是，悠长、曲折、艰难都改变不了人类历史发展的总趋向。黄河九曲，终将流归沧海。

世界历史这门学科正在发展之中。既然历史在不断的纵向和横向发展中已经在越来越大的程度上成为世界历史，那么，研究世界历史就必须以世界为一全局，考察它怎样由相互闭塞发展为密切联系，由分散演变为整体的全部历程，这个全部历程就是世界历史。把分国、分区的历史集成汇编，或者只进行分国、分区的研究，而忽视综合的全局研究，都将不能适应世界历史这门学科发展的需要。世界从 15、16 世纪起就已跨进了一个崭新的阶段，以世界历史为研究对象的这门学科，也要相应地跨入一个新的阶段。

（本文第一部分关于 19 世纪后期和中华人民共和国成立前后中国学者在外国历史及世界史方面的编著和研究工作的论述，系毛昭晰撰写）

104

三大宗教

佛教

佛教与基督教、伊斯兰教并称为世界三大宗教。相传为公元前6～前5世纪古印度迦毗罗卫国（在今尼泊尔南部提罗拉克特附近）王子乔达摩·悉达多（即释迦牟尼）创立。当时婆罗门教在印度占统治地位，婆罗门教法典将种姓划分为四等：婆罗门、刹帝利、吠舍和首陀罗。主张吠陀天启、祭祀万能和婆罗门至上，引起其他种姓不满。佛教作为反婆罗门教的重要思想派别之一应运而生。基本教义是把现实人生断定为"无常"、"无我"、"苦"。认为"苦"的根源既不在超现实的"梵天"，也不在社会环境，而是由于每人自身带来的"惑"、"业"造成的。"惑"指贪、嗔、痴等烦恼，"业"指人们的身、口、意等活动。"惑"、"业"为因，造成生死不息之果；根据善恶行为，轮回报应。佛教指出摆脱轮回痛苦之路，唯有按佛教经、律、论三藏所规定的训练方法，修持"戒"、"定"、"慧"三学，彻底转变自己世俗欲望和认识，超出生死轮回范围，达到一种最高的精神解脱的目标，叫作"涅槃"或"解脱"。佛教这种说法包括在"五蕴"、"十二因缘"、"四谛"等基本教理之中，成为以后佛教各派教义的基础。反对"婆罗门第一"，在因果报应和修行解脱方面主张"四姓平等"，只要相信佛教，不分种姓

◇ 印度鹿野苑博物馆藏的释迦牟尼石雕像（5世纪后期）

贵贱，都能得到精神解脱。这种观点受到婆罗门以外的刹帝利、吠舍种姓的支持而得到传播。随着古印度社会的发展，佛教的发展大致分为四个历史阶段：公元前6世纪中叶到前4世纪中叶，释迦牟尼创教及其弟子传承其教义，为原始佛教；公元前4世纪中叶起，佛教内部对戒律和某些教义的理解发生了分歧，分裂为许多教团，后称为8部或20部，为部派佛教；公元1世纪左右出现了大乘佛教。大乘佛教为了抬高自己，把以前的佛教贬称为小乘佛教。大乘佛教先有"中观学派"，后有"瑜伽行派"；7世纪以后，大乘一部分派别同婆罗门教混合，形成密教。13世纪初，由于政治原因，佛教在印度本土趋于消失，19世纪以后又稍有复兴。即使佛教在印度的极盛时期，它在印度的势力也比不上婆罗门教，只占比较次要的地位。佛教经典最初只有口头传习，后来才有写在贝叶上的经文。从口头传习到书写成文，经历了很长时间，逐

◇ 印度瓦拉纳西鹿野苑佛塔和寺院遗址。传释迦牟尼得道成佛后，在此为第一批五位弟子宣讲佛法。

渐分成多种宗派。佛教经典繁多，总称为"经"、"律"、"论"三藏。凡以释迦牟尼的名义讲说的记录叫作经；对经义的解释、阐发的，叫作论；规定僧众的生活、学习的规范仪式、制度叫作律。从公元前3世纪摩揭陀孔雀王朝阿育王开始，中经公元前2世纪贵霜王朝迦腻色伽的提倡，佛教向古印度境外传播，发展为世界性宗教，在许多国家和地区形成各具民族特色的教派。从印度向北传播，到中国大部分地区，后又传到朝鲜、日本、越南等国，以大乘教为主，习惯地称为北传佛教。其经典主要为汉文系统，先有大量的汉文译文，后又有汉文大量的著述，还有一

部分藏文译注的佛教典籍，流传地区为中国西藏、青海、内蒙古、今蒙古人民共和国和苏联西伯利亚一带，是为北传佛教中的藏传佛教，俗称喇嘛教。传入斯里兰卡、缅甸、泰国、柬埔寨、老挝以及中国境内傣族地区的小乘为主的佛教，称为南传佛教。其经典属巴利文系统。近代以来，欧美各国也有佛教流传。

西汉哀帝元寿元年（前2）佛教传入中国内地，当时被看作神仙方术的一种。东汉末到三国时期，佛教经典被大量译为汉文。佛教教义开始与中国传统的伦理和宗教观念相结合，得到传播。安世高译的小乘佛经和支娄迦谶译的大乘佛经在中国均有发展。魏晋将佛教大乘般若学说与中国的魏晋玄学相结合，受到门阀士族的欢迎。到了南北朝，佛教传播到全国各地。南朝以宋文帝、梁武帝为代表的帝王贵族把佛教当作"坐致太平"的思想工具，大力扶持，使它发展。北朝各代帝王贵族资助译经，修建寺院，开凿石窟，各方面都有突出的表现，中间经历了两次毁佛的运动，但为时不久，即得到恢复，又有新的发

◇ 北魏释迦坐像（山西大同云冈石窟第20窟）

◇ 西藏博物馆馆藏的金银汁书写的《华严经》（18世纪）

展。魏晋南北朝时期佛教典籍汉译本已相当完备，印度佛教的重要流派以及教义在中国都得到比较系统的介绍。鸠摩罗什是译经的杰出代表。著名僧人道安、慧远、僧肇、道生发展了中国佛教理论，对后世产生了深远的影响。隋唐时期，佛教学派发展成佛教宗派，寺院经济高度发展，译经规模和水平也超过前代，重要代表人物有惠能、法藏、玄奘、道宣、义净等人。中国佛教有天台宗、禅宗、律宗、净土宗、法相宗、华严宗、密宗以及三阶教等宗派，并传到朝鲜、日本和越南。藏传佛教也有了发展，除了传释印度学派以外，还接受了汉地佛教的影响。佛教思想深入民间，影响到哲学、道德、文学、艺术等各个领域。隋唐最高统治集团采取儒、释、道三教并用的方针。宋代以后，一些主要佛教宗派的基本观点为儒教所吸收，其自身日益与儒、道相融合。唐初，西藏地区的松赞干布提倡佛教，打下了藏传佛教的基础。元初，忽必烈封喇嘛八思巴为帝师，逐步确立政教合一的统治体制。近代杨文会创办金陵刻经处和佛教学校（祇洹精舍）。中国拥有世界上数量最多、内容完备的佛经和佛教文化史料。隋代起，有石刻版本的佛经。从北宋开始，历代都有官版或私家印刷的《大藏经》，除汉文版外，尚有藏、蒙、满文版的《大藏经》传世。

（任继愈）

基督教

与佛教、伊斯兰教并称的世界三大宗教之一。公元1世纪中叶~2世纪中叶形成于罗马帝国东部。原为犹太教一支派。因崇奉救世主耶稣,与正统犹太教分裂,后与希腊文化结合,在罗马帝国流传,4世纪末叶成为罗马帝国国教。中世纪时在欧洲占统治地位。16世纪以后传播到非洲、美洲、南亚、东亚、大洋洲各国。对欧美各国历史、文化的发展有极为重要的影响。

历史　早期基督教　公元1世纪中叶,巴勒斯坦犹太人起义,遭罗马统治者残酷镇压,一些犹太人把自身的解放寄托于宗教。他们盼望"救世主"降临,拯救人们的苦难。原始基督教遂以犹太教新宗派的形式出现。宣传"天国即将来临",号召"罪人悔改"。1世纪末叶传播到叙利亚、小亚细亚、马其顿、希腊、罗马、埃及,在各族民众中赢得信徒,此后,与流行的希腊哲学、伦理、神秘主义思想等结合;在希腊化过程中,原始基督教由犹太民族宗教演变为适应罗马帝国的世界性宗教,其教义中原来等待来世来临的思想逐渐为忍受苦难的思想所取代。2世纪中叶,形成有组织的基督教会。3世纪中叶,在西欧、北非以及西亚已有相当影响。3世纪下半叶,在罗马帝国各地发展为一支社会力量。随着罗马帝国加强对内压迫、对外侵略,阶级矛盾、民族矛盾日益激化,罗马统治者为便于控制被压迫人民及被征服民族,于4世纪初叶,开始对基督教采取控制利用政策,加以扶植;4世纪末叶,定基督教为国教,教会靠帝国统治者支持,进一步发展。

◇ 圣城耶路撒冷

◇君士坦丁一世像。君士坦丁一世（约280~337）为罗马帝国皇帝。313年，他与罗马东部的统治者李锡尼共同颁布了《米兰敕令》，宣布基督教为合法。

各种反抗基督教教义、信条，反对教会权威的活动都被教会判为异端，受政府镇压。

中世纪 476年，西罗马帝国灭亡。在此前后，罗马主教逐渐成为欧洲西部教会领袖，继而取得政治权力。5世纪末~10世纪末，欧洲封建化过程中，基督教主要靠统治王朝的法令传播到欧洲大部分国家，教会及修道院成为最大封建领主，是欧洲封建社会的主要支柱；基督教垄断文化教育事业，在意识形态领域，把政治、法律、哲学、道德都置于神学的控制之下。1054年，以君士坦丁堡大主教为首的东部教会与罗马教皇为首的西部教会分裂，东部教会自称东正教，西部教会自称罗马公教会（中国通称"天主教会"）。11世纪末起，将近200年间，教皇联合各国国王、贵族发动7次十字军远征，侵略东方。12世纪下半叶，教会开始设立"异端审判所"镇压人民反抗，扼杀进步思想。13世纪，教皇权势达到全盛，同时，教会内部腐化，激起群众不满，反对教会的阿尔比派等异端运动此伏彼起。14、15世纪，市民阶级和民族国家兴起，胡斯战争沉重打击了教会势力。

近代 16世纪上半叶，德意志、瑞士、英国、荷兰、斯堪的纳维亚诸国相继爆发宗教改革运动，否认教皇权威，强调传统教义的不同方面，改革教会礼仪典制。在德意志北部，诸侯支持M.路德首倡宗教改革，成立路德派教会，标榜"因信称义"，意即人在上帝面前得称为"义"（不被定罪），全凭

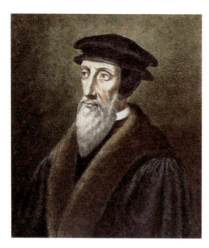

◇ J.加尔文像。加尔文（1509～1564）为瑞士宗教改革家，新教归正宗创始人。

信靠耶稣，而不在于履行教会规条。在瑞士和法国，市民阶级支持 J.加尔文领导的加尔文派教会，强调世人命运善恶均由上帝预定；在英格兰，成立以国王为首的苏格兰教会；在苏格兰、荷兰，市民阶级建立加尔文派的苏格兰教会、荷兰归正教会；在斯堪的纳维亚诸国，分别成立路德派的各国教会。这些脱离罗马公教会的教派，后来统称为"抗议宗"，或称"新教"。

在此期间，教皇及西班牙国王加强罗马公教会的活动，成立以维护教皇神权统治为宗旨的耶稣会，支持西欧各国天主教势力。在西班牙，异端审判所活动最为猖獗。

16 世纪下半叶，法国天主教贵族与加尔文派新教贵族之间进行 30 多年内战，西班牙对以加尔文派新教为旗帜的荷兰资产阶级进行讨伐战争，17 世纪上半叶德意志新旧教诸侯之间进行了三十年战争，这一时期被称为"宗教战争"时期。随着欧洲资产阶级兴起，自然科学迅速发展，17 世纪中叶以后，宗教宽容思想开始形成。18 世纪欧洲启蒙运动开始抨击基督教信仰及教权主义。与此同时，欧洲各殖民国家的教会开始成立各种传教组织，向非洲、美洲、东亚、南亚大规模传教。

东正教自 1054 年同罗马公教会分裂后逐步形成君士坦丁堡、安提阿、亚历山大、耶路撒冷 4 个牧首辖区，以君士坦丁堡大主教为精神领袖。15 世纪末莫斯科公国兴起，反对君士坦丁堡大主教控制俄罗斯正教会。1587 年，君士坦丁堡大主教承认俄罗斯正教会独立，由莫斯科牧首统辖，实际受沙皇控制。

现代 全世界基督徒人数占三大宗教信徒人数首位。成立了各种国际性、地区性组织。部分教派强调出世，追求个人精神安宁；多数教派强调进入世界，从事各种社会政治活动，主张以"对话"缓和社会矛盾、民族矛盾、国际矛盾、发达国家与不发达国家矛盾、各宗教之间矛盾；在第三世界的各种活动谋求适应各国社会需要及民族文化传统。

基督教信仰的内容 基督教教义，一方面是在同2世纪上半叶逐渐形成的关于耶稣的福音传说相联系而发展的，另一方面是在犹太教基督徒和原来信奉多神教的非犹太人基督徒之间的斗争中发展起来的。它的主要内容是：

创世 按《旧约圣经·创世记》载，天地间原来空虚混沌，神（或称上帝）以6日创造天地万物。这是基督教从犹太教继承的信仰。它否认宇宙是永

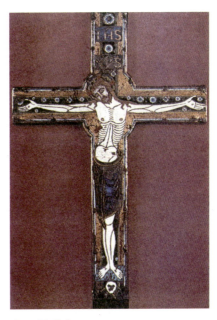

◇ 耶稣受难

恒的，也否认宇宙是在某一特定时刻由神创造。5世纪，基督教神学家奥古斯丁主张时间也是被造世界的一部分。

道成肉身 按基督教信仰，神为拯救世上罪人，差遣圣子降世，取肉身，名耶稣。约于公元前5年出生于巴勒斯坦，约于公元29或30年在耶路撒冷被钉死在十字架上。信奉这位耶稣的门徒确信他已复活升天，还将二次降临，奉他为救世主（希伯来文称"弥赛亚"，希腊文称"基利斯督斯"，中

◇ 《最后的审判》（1466~1473），尼德兰佛兰德斯画家汉斯·梅姆林（约 1430~1494）绘。画中耶稣将邪恶的灵魂驱赶入地狱，将正义和受曲的灵魂送往天堂。

译简称为"基督"）。耶稣基督被认为具有神性，有赦罪的权柄，向世人宣讲神的旨意，启示神的律法真谛，能行各种神迹。另一方面，耶稣又具有完全的人性，与世人同样经受试探，经历苦难，只是没有犯罪。

三位一体 指圣父（神）、圣子（耶稣基督）、圣灵三位结成一体。神不仅创造天地万物，而且在耶稣肉身中显示，又以神灵形式在世上运行。神在过去、现在、将来都主宰世人和

万事万物。它创造世人，引领世人，并救赎世人。关于圣灵，以罗马为中心的拉丁教会主张它"由父子而出"，以君士坦丁堡为中心的东方教会则坚持 4 世纪的《尼西亚信经》，主张它"由父而出"。

救赎 人类最初被造时是完美的。由于始祖亚当犯罪，罪性遗传（称"原罪"）和自己犯罪（称"本罪"）而陷于不能自拔的地位。上帝派遣其子耶稣降世，被钉死在十字架上，担

当了世人的罪，使凡信它的人都蒙救赎，灵魂得到拯救。

天堂、地狱与最后审判 世人一切最后都将受神的审判，善人升入天堂，得享永生；恶人入地狱，永受火刑。近代基督教将升天堂解释为进入神的国度，与神同在；入地狱则是自行隔绝于神的结果。

教会 基督徒组成的团体称教会。教会是耶稣基督的身体，一切信徒无论在世去世，都在一个圣会之中，心灵相通。罗马公教会于13世纪规定洗礼、坚振、悔罪、圣餐、婚配、终傅、圣职七种仪式为圣事，新教某些教派将之简化为洗礼、圣餐两种。

经典、主要节期 基督教《圣经》包括《旧约全书》及《新约全书》。《旧约全书》系继承自犹太教的经书，共39卷，分"律法书"、"先知书"、"圣录"三部分。主要内容为：上帝创世与人类始祖的神话，犹太民族历史传说，法律、宗教规例、宗教形式的政论、诗歌、道德格言，关于末世的预言等。各卷约自公元前5～前2世纪陆续出现，至公元1世纪定型。《新约全书》系基督教本身的经书，共27卷，其中包括四部《福音书》、《使徒行传》、《使徒书信》汇编和《启示录》。主要内容为：传说中的耶稣生平故事及其说教，关于耶稣门徒的故事及依托门徒之名阐述的教义等。各卷约自公元1世纪下半叶至2世纪下半叶陆续出现。有各种不同版本。18世纪以后，教会内外学者对《圣经》考证及分析研究日盛。

基督教会定每年12月25日纪念耶稣诞生，称圣诞节。每年过春分月圆后第一个星期日，纪念耶稣被钉死十字架后第3日复活，称复活节。按《圣经》载称，耶稣复活后40天升天，第50天差遣圣灵降临。因此，每年复活节后第50天为圣灵降临节。是为基督教会三大节期。

教派 基督教主要分罗马公教会、新教、东方正教会三支。16世纪新教包括圣公宗（英国）、加尔文宗（瑞士、法国、荷兰、苏格兰）、路德宗（德意志北部、北欧诸国）。17世纪英国出现浸礼宗（反对为婴儿施洗），18世纪由英格兰教会中分出卫斯理宗（注重灵修方法）。上述各教派随欧洲各国移民传入北美。19世纪北美新教又出现摩门教派、安息日教派、基督教科学教派等，此后，还出现许多小教派。

在西亚，除东正教会外，还有2、3世纪已独立的阿美尼亚教会等。在北非，主张耶稣只具神性的一性论柯普特教派自5世纪形成独立教会。这些统称东方教会，与东正教会保持一定联系。

近几十年来，有些教派实行联合，更多的是在教会活动中联合行动。

对西方政治文化的影响 基督教自4世纪与罗马帝国结合。西罗马帝国灭亡后，与法兰克王国的加洛林王朝（8～9世纪）结合。随后与神圣罗马帝国结合，直至1806年拿破仑一世解散帝国。在东方，基督教与拜占廷帝国、俄罗斯帝国（15～20世纪初）结合。这些国家自称基督教国家。在1500年间，欧洲的政治、法律、社会风俗、道德、哲学、语言、文学、诗歌、戏剧、音乐、美术、雕刻、建筑都深受基督教影响。随着欧洲移民迁往南北美洲、大洋洲，基督教影响扩大到美洲、大洋洲，成为这些地区的主要思想文化传统。欧美文化传统被一些西方历史学家称为“基督教文明”，但它并未能取代欧美各民族自身的文化传统。　　　　（杨真）

伊斯兰教

7世纪初穆罕默德创立和传播于阿拉伯半岛的麦加城，以后在世界各地获得广泛发展的宗教。与佛教、基督教并称为世界三大宗教。在中国又称回教、清真教、天方教。伊斯兰一词是阿拉伯语 Islām 的音译，意思是"顺从"，即顺从唯一真主安拉的意志。信仰伊斯兰教的人称为穆斯林，主要分布在西亚、北非、南亚和东南亚等地。伊斯兰教于7世纪中叶传入中国，现有10个信仰伊斯兰教的少数民族。

教义简介 伊斯兰教义包括理论与实践两个部分。理论部分包括宗教信仰，即信安拉、信天使、信经典、信先知、信后世。另一个重要信条是信善恶均由安拉前定，但穆斯林学者对"前定"的解释尚有争议。实践部分包括伊斯兰教信徒必须遵行的"善功"和五项宗教功课，简称"五功"，即念"清真言"、礼拜、斋戒、纳天课、朝觐。

伊斯兰教的基本信条是："万物非主，唯有安拉；穆罕默德是安拉的使者。"（即"清真言"）认为安拉是宇宙万物的创造者，是全能全知、无始无终、独一无二、无形象、无所在、无所不在的真主；穆罕默德是安拉的使者和"封印的"（即最后的）先知。

伊斯兰教的主要经典《古兰经》是穆罕默德在传教23年的过程中陆续传述的"安拉的启示"。麦加时期（610～622）的《古兰经》以宣传宗教信仰为主；麦地那时期（622～632）的《古兰经》以立法制度为主。圣训（哈迪斯）是《古兰经》的补充。教法（沙利亚）是后来穆斯林学者以《古兰经》和圣训为根据，并参考被征服地区的法律和风俗习惯，因时制

◇ 《古兰经》抄本（14世纪）

117

宜而制定的穆斯林行为的规范或法典。

伊斯兰教在生活习惯上禁食自死物、血液、猪肉、未诵安拉之名而宰杀的牲禽等。禁酒在《古兰经》中也有明文规定。

伊斯兰教有三大圣地：麦加、麦地那和耶路撒冷。有三大节日：开斋节（教历10月1日）、古尔邦节（教历12月10日）和圣纪（穆罕默德诞辰，教历3月12日）。各教派还有自己的圣地和节日。

◇ 沙特阿拉伯麦加的克尔白（天房）

历史上的伊斯兰教　6世纪末、7世纪初，阿拉伯半岛大多数地区处于原始公社制度解体阶段，各部落为争夺牧场、水源、土地和牲畜，经常发生战争，城镇中的商业贵族和游牧部落的氏族贵族，通过贩卖奴隶、经营队商贸易、发放高利贷，对广大牧民、农民和手工业者进行盘剥。拜占廷帝国和波斯帝国对也门的争夺、商道的改变使麦加等地的过境贸易迅速衰落，加深了阿拉伯半岛的经济和社会危机。氏族贵族和商业贵族为了摆脱危机，夺取新的土地和商道，要求实现半岛的统一，建立一个强大的国家。伊斯兰教的产生适应了这一需要。穆罕默德以"安拉的使者"与"封印的先知"的身份宣传"信主独一"的教义，实现了阿拉伯人长期以来建立一个统一民族国家的愿望。在穆罕默德于632年逝世的时候，阿拉伯半岛在伊斯兰教的旗帜下已基本上成为一个统一的阿拉伯民族国家。

穆罕默德逝世后，在阿拉

◇ 位于沙特阿拉伯麦加的禁寺

伯人对外扩张的同时，伊斯兰教在阿拉伯半岛以外获得了广泛的传播。在四大哈里发时期（632～661），阿拉伯人占领了叙利亚、巴勒斯坦和波斯等地，伊斯兰教发展成为一个东至阿富汗，西达埃及、利比亚的国际宗教；在倭马亚王朝时期（661～750）又扩张到东达印度北部和中国边境，西抵摩洛哥和西班牙，成为一个横跨亚、非、欧三大洲的宗教。阿拔斯王朝时期（750～1258）出现了伊斯兰教文化（或称阿拉伯文化）的黄金时代，各民族穆斯林对保存和发展欧洲古代希腊

罗马文化的精华作出了贡献。与此同时，伊斯兰教的宗教学术（古兰经注、圣训、教法学、哲学）也达到了成熟阶段，并产生了新旧学术思想的斗争。奥斯曼帝国时期（13世纪中叶至1924年土耳其共和国成立），伊斯兰教势力在东南欧获得发展。在这一时期，伊斯兰教通过印度穆斯林的商业活动，在印度尼西亚、菲律宾、马来半岛等地也得到广泛传播。1798年，法国拿破仑率军侵入埃及，标志着伊斯兰教世界沦为西方殖民地的开始。伊斯兰各国人民多次掀起反抗殖民统治和封

建压迫的斗争高潮，如伊朗巴布教徒起义、苏丹的马赫迪起义等。

反映政治分歧的教派斗争贯穿着伊斯兰教的历史。因哈里发（穆罕默德继任人）问题而产生的伊斯兰教派有逊尼派、什叶派、哈瓦利吉派等，其中逊尼派（占多数）及什叶派的斗争一直延续到现代，严重地影响着穆斯林内部的团结。

现代的伊斯兰教　1945 年第二次世界大战结束以来，伊斯兰各国纷纷取得独立，在第三世界占有重要地位，伊斯兰教历史进入了一个新的阶段。伴随着新国家的独立，出现了许多具有时代特征的新事物，如伊斯兰共和国、伊斯兰革命、伊斯兰社会主义、伊斯兰中心

等。在国际伊斯兰组织方面，最著名的有总部设于吉达的伊斯兰会议组织，麦加的伊斯兰世界联盟，利比亚的宣教协会，吉隆坡的东南亚和太平洋地区伊斯兰教理事会，伊斯坦布尔的伊斯兰历史、艺术与文化研究中心等。阿尔及利亚每年一次举行伊斯兰思想讨论会，对开展国际伊斯兰文化交流起了促进的作用。伊斯兰教进入第 15 世纪以来（教历 1400 年元旦为公元 1979 年 11 月 21 日），全世界穆斯林纷纷举行庆祝活动，一个新的伊斯兰教复兴运动正在兴起。每年到麦加朝觐的人数最多时达到 200 多万人。伊斯兰教在亚非欧美和太平洋地区获得巨大的发展。

（马肇椿）

西方文明之源

古代希腊文化

指公元前第3千纪末至前1世纪下半叶生活在巴尔干半岛和地中海周围广大地区的古代希腊人创造的文化。古希腊文化是人类文化遗产的重要组成部分,对全世界,尤其对欧洲文化的发展有重大影响。从公元前4世纪开始,"希腊人"并不单纯是一个种族概念,而是泛指一切接受希腊文化和讲希腊语的人。

公元前第3千纪末和前第2千纪,在爱琴海诸岛和希腊大陆有过欧洲最早的青铜文化。这里主要讲公元前第1千纪的希腊文化。这一时期的希腊文化是适应原始社会瓦解和奴隶占有制一定发展阶段希腊人的社会经济发展的需要,并反映、服务于这种发展的;是希腊人广泛吸收周围各民族,尤其是古代西亚、北非诸国的优秀文化成果并创造性地予以改造和发展的结果,是不同地区的希腊人共同智慧的结晶。

神话和宗教

古希腊文化发轫时期,神话和宗教不可分离地交织在一起。希腊人创作了许多具有永恒魅力的神话。希腊的宗教有过对宇宙万物崇拜、祖先崇拜、英雄崇拜,并从图腾崇拜发展到拟人化。古希腊众多的氏族部落共同体都曾有自己的神,后来有了城邦的神和在整个希腊世界得到普遍尊重的神。公元前8世纪末至前7世纪初的诗人赫西奥德已经在他写的《神统谱》中叙述了以宙斯为首的包括波塞冬、阿波罗、雅典娜、赫拉等在内的神的家族。

◇ 宙斯像

宗教在希腊人的生活中起着非常重要的作用，但在不同的历史时期其作用是有区别的。在阶级分化还不严重，所有氏族成员都参加生产劳动的时候，许多神与劳动过程有关。如赫尔墨斯放牧，雅典娜栽培橄榄，阿尔忒弥斯打猎等。当氏族贵族成为公社的统治者的时候，神便成了他们的保护者和权力的源泉。执掌祭祀大权的氏族贵族运用手中的宗教权力，控制和奴役普通氏族成员。他们利用据说来源于神或是得到神的保护的不成文法，对氏族成员进行裁判。当氏族贵族的统治由于城邦制度的发展而遭到削弱或摧毁时，把全体公民联系在一起的具有整个城邦性质的宗教便应运而生。为城邦全体公民奉祀的神建庙和设立节日，是其具体表现。在雅典，所有重要的祭祀活动都被置于国家控制之下，各种节日庆典成了加强公民团结的重要手段。在希腊化时代，埃及和西亚诸国的众多宗教信仰对希腊人产生了广泛影响。托勒密王朝的国王大力推行对兼备埃及神和希腊神特征的塞拉皮斯的崇拜。

建筑和艺术 希腊人的祭祀仪式一般不在庙内，而在庙前举行，因此庙的规模不大。最早的神庙为木结构，后来发展为石结构，多用希腊盛产的大理石建筑。公元前7世纪以前，在科林斯等地已经出现了原始的神庙，其结构显然脱胎于迈锡尼时代的"麦加隆"（正厅）。公元前7世纪形成了两种围柱式神庙构筑法，即多利亚式和伊奥尼亚式。前者盛行于巴尔干半岛的希腊人地区、大希腊和西西里岛，后者则为小亚细亚的希腊人广泛采用。作为希腊建筑基础的柱式结构是希腊人的伟大创造，对后世影响深远。公元前5世纪末，在伊奥尼亚柱式的基础上形成了科林斯柱式，并于公元前4世纪被广泛采用。神庙的装饰从无到有，在很长时期内，塑造神像和装饰神庙、祭坛是希腊绘画家和雕塑家施展才能的主要方面。

除塑造神像外，希腊雕塑

家还创造了众多的被理想化了的人体雕像，其中包括大量表现优秀运动员的雕像。早在公元前 7 世纪就出现了称为"库罗斯"的石质裸体男青年雕像。在手法上，希腊雕塑家长期致力于表现运动中的人体姿态，取得了巨大成就。公元前 4 世纪的雕塑家开始注意表现人的情感。在希腊化时代出现了一些描写普通人日常生活的作品。

公元前 5 世纪希腊雕塑艺术的代表人物有以表现运动中的竞技者著称的米隆，以精妙的青年运动员青铜雕像闻名的波利克利图斯和以雕塑神像享有盛名的菲迪亚斯（活动时期约公元前 490～前 430）。菲迪亚斯创作的奥林匹亚宙斯庙中的宙斯像，被誉为"世界七大奇迹"之一。他领导建筑的耸立于雅典卫城上的帕台农神庙（设计师为伊克蒂诺和卡利克拉特），至今仍被视为古希腊建筑艺术的最高成就。他为这座神庙塑造的雅典娜女神像也享有盛名。公元前 4 世纪的卓越雕塑家有普拉克西特利斯、斯科帕斯和利西波斯。

陶器的造型和各种器皿上的绘画是古希腊艺术宝库的重要组成部分。从公元前 7 世纪起，希腊的陶器绘画已经显示出不同的地方特色。公元前 6 世纪下半叶，雅典的陶器绘画得到高度的发展。在陶器天然的红色表面用黑色作画的黑画陶初享盛名，取而代之的是更便于现实地表现人体和动作的红画陶，即画面本身是陶器天然的红色，而其余空间皆为黑色。

文字、诗歌和戏剧 公元前 8 世纪，希腊人在改造腓尼基字母的基础上创造了希腊字母，这是希腊人对人类文明的重要贡献。现在的希腊字母是不同地区的古希腊人不断改进的结晶。这种不仅能够表现辅音，而且能够表现母音的字母，成为拉丁字母的前驱。

古代希腊人留下了不朽的荷马史诗《伊利亚特》和《奥德赛》（一译《奥德修纪》）。教喻诗、抒情诗等不同题材诗歌在古希腊大放异彩，出现了赫西奥德、萨福、品达罗斯、西摩尼得斯、卡利马科斯等富有才华的诗人。他们的诗歌风格各异，从不同的角度反映了所处时代的风貌。

悲剧和喜剧创作是古希腊人在文化方面的又一伟大贡献。无论悲剧或喜剧，都是在公元前6世纪下半叶产生于雅典，都与对酒神狄奥尼索斯的崇拜有关。组织戏剧演出是雅典国家的重要任务之一。公元前5世纪，雅典的伟大悲剧作家埃斯库罗斯、索福克勒斯和欧里庇得斯不断完善悲剧的表演形式，通过神话传说，深刻反映现实中公民群众关心的问题，有广泛的社会影响。而喜剧作家阿里斯托芬的作品，以其丰富的想象、独特的结构，表达了作者对迫切的社会和政治问题的见解。公元前4世纪下半叶著名剧作家米南德的作品，

◇ 希腊雅典卫城鸟瞰

提供了许多关于当时社会的珍贵资料。公元前4世纪，圆形剧场成为希腊最流行的建筑物。在希腊化时代，体育馆和剧场是每个城市必不可少的公共建筑。公元前4世纪下半叶在伯罗奔尼撒半岛的埃皮达鲁斯修建的剧场至今保存完好，每逢夏季那里常有古希腊戏剧上演。

演说术　由于政治斗争和众多诉讼的需要，古代希腊出现了一系列著名演说家，留下了大量珍贵的演说词。例如吕西阿斯、伊索克拉底、狄摩西尼、埃斯基涅斯等。

哲学和史学　以泰勒斯、毕达哥拉斯、赫拉克利特、德谟克利特、苏格拉底、柏拉图、亚里士多德、伊壁鸠鲁（前341～前270）、芝诺（前335～前263）等人为代表的古希腊哲学在人类思想发展史上占有崇高地位，为后世各个流派的哲学家提供了极为丰富的思想源泉。

古代希腊产生了许多著名历史学家，如希罗多德、修昔底德、色诺芬、波利比奥斯等。他们的著作广泛记载了各种事件，又是优秀的文学作品。

希腊化时代的文化　希腊化时代科学渐与哲学分离而趋于分门别类的探索。亚历山大里亚、帕加马、罗德斯等地成为新的文化中心。地理学、医学、天文学、数学、植物学、解剖学、物理学等学科都有重大发展。对过去典籍的整理取得了重大成就。学术上的代表人物有地理学家埃拉托色尼、植物学家泰奥弗拉斯托斯、数学家欧几里得、物理学家阿基米德，以及出生于萨莫斯岛的天文学家阿里斯塔科斯、生于尼凯亚的天文学家喜帕恰斯等人。他们都在学术思想发展史上作出了不可磨灭的贡献。阿基米德和欧几里得的著作今天仍有意义。

希腊化诸国相继沦为罗马的行省之后，在地中海东部地区希腊文化长期居于主导地位，对罗马文化的发展产生了重大影响。但总的来看，希腊文化随着城邦的衰落而式微。

（廖学盛）

古代罗马文化

古代罗马人在长期历史发展过程中，不断吸收伊特鲁里亚、希腊、西亚和埃及等地的文化成就，丰富和发展了的自己独特的文化，在文字、文学、史学、法学、农学、建筑等方面对世界文化宝库作出了贡献。

文字和文学　公元前7世纪，罗马人在伊特鲁里亚字母（改造希腊字母而成）的基础上创造了拉丁文字母。后经不断完善，拉丁文字母成为其他许多民族创造自己文字的基础。这是古罗马人对世界文化的重大贡献之一。

公元前3世纪之前，罗马已有原始的民间文学，但这些口头创作的诗歌很少保存下来。罗马文学的发展是在统一意大利以及向海外扩张过程中大量接受希腊文化的影响，移植和改造希腊的诗歌、戏剧等文学形式的基础上取得的。少年时被俘为奴后被释放的希腊人L.李维乌斯·安德罗尼库斯的文学活动，通常被视为罗马文学的开端。他在公元前3世纪中叶把荷马史诗《奥德赛》（一译《奥德修纪》）译成拉丁文，于公元前240年上演了第一个按希腊剧本改编的戏剧。生活在公元前3和前2世纪的罗马著名诗人有G.奈维乌斯和Q.恩尼乌斯，前者写有史诗《布匿战争》，后者写有史诗《编年记》。T.M.普劳图斯和P.泰伦提乌斯则以写作喜剧见称，前者留传下来的剧本有《一罐金子》、《孪生兄弟》等，后者有《婆母》等剧本传世。

共和末年和帝国前期是罗马文学的繁荣时期。M.T.西塞罗的演讲词、论文和书信堪称拉丁文散文的典范。T.卢克莱修的《物性论》以教喻诗的形式系统叙述了古代的唯物主义思想。以G.V.卡图卢斯、P.维吉尔、Q.贺拉斯、P.奥维德、A.提布卢斯和S.普罗佩提乌斯等人为代表的罗马诗歌在帝国初期处于黄金时代，作品题材多样，影响广泛深远。代表作有维吉尔的《埃涅阿斯纪》、《农事诗》，贺拉斯的《歌集》、《诗艺》，奥维德的《变形记》等。公元1

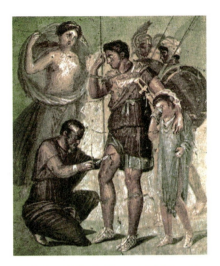

◇ 受伤的埃涅阿斯（《埃涅阿斯纪》插图）

世纪以及后来的重要作家还有 M.V. 马尔提阿利斯、D.J. 尤维纳利斯、L. 阿普列尤斯、琉善等。其中阿普列尤斯著有小说《变形记》（亦称《金驴记》）。

史学　罗马最早的历史记载出现于公元前 5 世纪中叶，但只是大祭司对每年发生的重大事件的简短记录。公元前 3 世纪出现了根据年代系统叙述历史的作者，用希腊文写作的 Q. 费边·皮克托尔首肇其端。第一位用拉丁文撰写罗马历史的则是著名政治家 M.P. 加图（即大加图）。波利比奥斯的《通史》在罗马史学著作中占有显要地位。公元前 1～公元 1 世纪出现了一批用拉丁文或希腊文撰写历史的作者，如 G.J. 凯撒、G. 萨卢斯特、T. 李维、C. 内波斯、哈利卡尔那索斯的狄奥尼西奥斯、西西里的狄奥多罗斯、C. 塔西佗等。他们采用的题材不一，目的各异。主要著作有 G. 萨卢斯特的《朱古达战争史》《卡提林纳阴谋》，内波斯的《名人传略》，狄奥尼西奥斯的《罗马的古代》，以及狄奥多罗斯编写的具有世界通史性质的《文库》等。后来的重要史学著作，有普卢塔克的《传记集》、G. 斯维托尼乌斯的《十二凯撒传》、阿庇安的《罗马史》、狄奥·卡修斯的《罗马史》、阿米阿努斯·马尔塞利努斯的《历史》（31 卷）、优西比乌斯的《教会史》等。

法学　传说制订于公元前 451～前 450 年的《十二铜表法》是罗马的第一部法典。随着奴隶制和商品货币关系的发展，法典不断得到完善和补充，以适应日益复杂化的社会生活需要。从公元前 3 世纪到共和末年，大法官的谕令对罗马法的发展产生过重大影响。帝国时期，皇帝的敕令、元老院的决定和法学家对法律问题的解答，都成为罗马法的来源。通常认为元首制时代是罗马法学的"古典时期"。奥古斯都当政时，M.A.拉别奥和G.A.卡皮托各自创立法学派别，他们的门徒历史上分别称为普罗库卢斯派和萨宾派（均源于著名弟子的姓）。公元2世纪的著名法学家S.尤利亚努斯和《法学阶梯》的作者盖尤斯均属萨宾派。公元3世纪的著名法学家有A.帕皮尼安、J.保罗和D.乌尔比安。528～534年，拜占廷皇帝查士丁尼一世主持编纂的《国法大全》，系统收集了罗马的法律和法学家的重要著作。罗马法是古代法中反映商品生产和交换的最完备最典型的法律，对后世各国的立法有巨大影响。

建筑艺术 罗马的建筑艺术主要体现在各种类型的大型建筑物中，如神庙、广场、圆形剧场、斗兽场、浴场、水道、柱廊、凯旋门、纪功柱等。共

◇ 意大利罗马提图斯凯旋门

128

和时期，L.C.苏拉、G.庞培和G.J.凯撒都曾大兴土木。帝国时期，为了宣扬皇权的伟大，各朝皇帝竞相营建大型建筑，以弗拉维王朝和安东尼王朝为最盛。弗拉维王朝修建的大圆形剧场，在罗马建筑群中最为著名。这座4层的建筑可容5万观众，其出入路线以及外围多层拱形支撑的设计都十分巧妙合理。留存至今的著名建筑还有万神庙（始建于公元前27年，P.A.哈德良时重修）、F.V.提图斯的凯旋门、M.U.图拉真的纪功柱、马可·奥勒留的纪功柱等。在雕塑方面，罗马人以雕刻表情细腻、形态逼真的肖像见长。此外，公元前4～公元3世纪，罗马国家在向外扩张征服意大利的过程中，及随后为了军事统治的需要，修建了约8万千米的道路体系，这些道路多用石料铺砌，路面呈凸状，测量宽度相当准确，被认为是罗马建筑史上的一项贡献。罗马道路体系，为罗马的征服和统治创造了条件，并为后来的民族大迁徙和基督教的传播提供了交通方便。

哲学和自然科学　在哲学方面，罗马受到希腊化时代希腊哲学的强烈影响，斯多噶派长期居主导地位，3～4世纪则是新柏拉图派占优势。哲学方面的代表人物有M.T.西塞罗、T.卢克莱修、L.A.塞内加、爱比克泰德、马可·奥勒留、柏罗丁等。

自然科学方面，罗马人流传下来的著作主要有G.普林尼（即大普林尼）的《自然史》、斯特拉博的《地理》、M.维特鲁维的《论建筑》以及托勒密关于数学、天文学和地理学的著述。农业一直是罗马经济的基础，罗马元老院曾经通过翻译迦太基农学家马哥的著作的决定。流传下来的M.T.瓦罗和L.J.M.科卢梅拉等的关于农业的著作，记载了葡萄、橄榄的栽培以及牲畜饲养和油、酒的制作等多种农牧业生产技术，提供了农业经营管理方面的生动材料，对于研究当时的社会结构有重大价值。

宗教　在共和时代的罗马，

◇ 镌有罗马宗教仪式规则的铜板（公元81）

源于原始社会的一些信仰与从周围文化较高的民族，特别是从伊特拉斯坎人以及希腊人那里继承过来的神祇和宗教习俗共同存在，并逐渐融合。罗马人有多得不可胜数的神，而且不断吸收外来的神，其中最重要的是丘比特。罗马的主要神祇逐渐与希腊的奥林波斯的主要神祇融为一体。每个家庭都有专门祭神的地方，都有自己的保护神。每项政治或军事活动，都需要事先通过占卜了解神意。罗马宗教的显著特点是它的形式主义，只要求严格按固定程式行事，遵守各项禁忌，而不管真正的信仰如何。在罗马有许多祭司团，但是没有形成封闭的祭司等级。祭司可以同时担任其他公职。最高祭司由公民大会选举，地位较低的祭司则由最高祭司任命，或由相应的祭司团遴选。从奥古斯都时起，利用对皇帝的守护神的崇拜以加强皇权成了传统的政策。

罗马帝国的特定历史环境孕育了基督教，并为其传播提供了肥沃的土壤。1世纪基督教兴起，2～3世纪广泛传播，并开始形成基督教文化。基督教对罗马的政治、文化和经济产生了越来越大的影响。3世纪后，罗马奴隶制社会濒临危机，其文化亦渐趋衰落。

罗马文化的历史地位，除了取决于富有特色的法学、建筑以及基督教，还在于罗马时代各方面的著作保存了大量希腊和其他民族的文化遗产。罗马人的著作对文艺复兴和启蒙运动时代的许多学者都产生过巨大影响。

（李雅书）

古代美索不达米亚文化

美索不达米亚为古希腊人对两河流域的称呼，意即"两河之间的地方"。地域大体在今伊拉克共和国境内。苏美尔人在公元前第5千纪已居住在这一地区，在公元前第3千纪初已建起城邦国家。此后，塞姆语系的阿卡德人在这里建立起阿卡德王国、古巴比伦、亚述、新巴比伦王国等国家。美索不达米亚的古代科学、文化、艺术均已达到较高水平，对希腊、罗马及波斯的古代文化的发展均有重大影响。

文字 古代美索不达米亚的楔形文字是世界最古老的文字系统，系以削尖的芦苇杆"笔"压划在半湿的泥板"写"成，落"笔"处印痕较深宽，提"笔"处较狭窄，每划形状颇像木楔，故名。推测其前身是新石器时代流行于西亚的泥丸记事法，苏美尔人将其发展为完备的文字体系。最早的楔形文字尚属象形符号，主要记录物品的数量、种类和主人，仅限于具体的名词和数词，尚不能完整地表述语言。公元前第3千纪初，一些象形符号逐渐具有表达音节的性质，从而可以通过拼音表述人名、抽象名词和语法虚词等，从而形成完备的文字。公元前2500年前后，象形符号演变为楔形文字。楔形文字发展到音节文字的阶段后，其他民族也利用它来拼写自己的语言。塞姆语系的阿卡德人在公元前2500年左右就已借用它来拼写阿卡德语，形成阿卡德文字，此后，埃兰人、胡里安人、赫梯人以及乌拉尔图人也都先后应用楔形文字。阿卡德文字又为巴比

◇楔形文字泥板

伦和亚述人接受，并随着这两个国家的强大，成为近东古代通用的国际文字。尽管阿卡德语在日常生活中已完全取代苏美尔语，但苏美尔文字作为一种古雅的文字，在宗教、文学等领域，仍被古代美索不达米亚各王朝的书吏们学习和使用。

从古苏美尔时起，尼普尔等城邦就设有教授楔形文字和其他实用知识的学校。在这些学校里，已开始编纂各种词汇表，有些词汇表将发音相同的词汇排在一起，是书吏学习拼写的规范。有些词汇表将两三种不同文字对照，成为世界上最早的不同文种对照词典。还有更多的词汇表将外界不同的事物进行分类，构成植物、动物、矿物名称表及地理名称表等，有些还注明其属性。人类知识这种初步的积累更体现在王室或私人建立的许多"档案馆"里。亚述王亚述巴尼拔的档案馆不仅积累了当时的经济司法文书，并且对苏美尔早王朝时期开始的整个美索不达米亚的文化遗产进行了搜集、抄写和编目，成为今天了解古代两河流域文化的一个主要来源。

数学 古代美索不达米亚的数学在当时的世界上处于领先地位，其记数法在各种古代数字系统中最早用不同的位置表示不同的数值。苏美尔人虽然也采用进位记数法，但计算中采用的是 60 进位法，同一数字在数的序列中位置不同，值亦不同。与今天的十进位阿拉伯数字记数法应用了同一原则，极有利于乘法和除法运算。以此为基础，在古巴比伦时期，已掌握四则运算和乘方开方，并能够解相当复杂的二元二次方程式，探讨直角三角形三条边的勾股关系，计算各种形体的面积和体积。他们求得的 $\sqrt{2}$ 值为 1.414213，与准确值相差无几。但这一记数法中没有零的符号，是其明显缺陷。由于数字 60 的高度可分性，今天，在时间和角度的计算中仍采用 60 进位法。

天文学和医学 古代美索不达米亚的天文学也有很大成就。为准确掌握农时，很早即设立观象台，由神庙祭司负责。天象记录中有日月蚀、行星、彗星以及虹、地震等的发生时间和地点。新巴比伦时期，已能预测日月蚀和行星会冲现象。早在苏美尔早王朝时期，苏美尔人就根据月亮的盈亏制定了太阴历，将一年分为12个月，每月各有29或30天，每年354天，新年在春分后第一个朔日。新巴比伦王国时规定在19年中设7个闰月，较好地解决了太阴历与太阳年间的误差。当时还建立了黄道十二宫坐标系统，为近代天文学的发展奠定了基础。古代美索不达米亚医学发达。早在乌尔第三王朝时期就已出现了"药典"，记录了用各种生物和矿物制作的各种嗅剂、熏剂、滴剂、膏剂、灌肠剂、栓剂等，并有一些治病的处方。从这些处方看，尽管当时对许多生物和矿物的疗效已有所了解，但尚处于摸索实验阶段。在整个西亚，巴比伦的医学享有盛名。公元前13世纪，巴比伦王曾派御医为赫梯王哈图西利斯三世治病。由于大量药物名称不详，目前对古代美索不达米亚的医学还无法作出全面的评价。

宗教 古代美索不达米亚宗教的神祇中，最重要的有司春风之神、众神之父恩利勒，土地和地下水之神恩奇，战与爱女神伊南娜（又名伊什塔尔），月神南纳（又名欣），太阳神乌图（又名沙马什），战神、农神宁吉尔苏，以及巴比伦城的主神马尔杜克、阿淑尔城的主神阿淑尔等，反映了西亚地区多民族文化交融的状况。在苏美尔时期，每个城邦有自己的国神，如乌尔的国神是南纳，乌鲁克的国神是伊南娜，众神之父恩利勒的祭祀地尼普尔城则是全苏美尔的宗教中心。宗教信仰和神话经过了漫长的发展道路。在早期神话中，诸神祇多代表自然的力量，如风、雨、生殖力等。王权形成后，神被赋予统治者的形象，在神话中它们也分工管理世界，推选军事首领并相互作战。中央集权发展后，宗教一方面为王权服务，向人民宣传屈从忍受的精神；另一方面代表城邦独立的传统习惯也构成对君主专制的某种限制。古代美索不达米亚人认为神创造人类是为了把他们当作奴仆，城邦统治者不过是神在尘世的一个办事员。把统治者神化的现象并不普遍，只有阿卡德王国和乌尔第三王朝的一些王，出于建立中央集权的需要，曾自封为神。为了保证人畜兴旺，大地丰饶，苏美尔城邦统治者每年要与代表女神的祭司举行结婚仪式，巴比伦王每年新年则要忍受大祭司批颊，以表示他将忠实地执行神的旨意。

◇ 乌尔第三王朝的圣塔（约前2100）

建筑与造型艺术　早期苏美尔城市建设的中心是神庙。在古苏美尔时期，神庙是粮仓、帐房、手工作坊、司法机关和档案馆等机构的集结地，后发展成围绕长方形庭院的建筑群。神庙本身则发展成带阶梯的塔庙。乌尔第三王朝建筑的成就是拱顶的发明，其遗迹在乌尔王陵和铁尔阿勒利马遗址都有发现，在四周的穹隅结构上起土坯拱顶。早王朝后期始，随着王权的发展，神庙以外又出现了王宫建筑。其中马里王齐姆利里姆和亚述帝国诸王的宫殿，都以其宏大的规模和豪华的装饰显示帝王高踞于百姓之上的地位。新巴比伦时期城市建设开始普遍使用烧砖。尼布甲尼撒二世所建的巴比伦城周长8千米，有8个城门，其中伊什塔尔门最为壮观，同时以其琉璃砖装饰而闻名于世。城中的空中花园则被称为古代世界七大建筑奇迹之一。

造型艺术品主要有壁画、镶嵌画、泥塑、圆筒印章、石雕、青铜器、金银器、浮雕、琉璃砖等，艺术水平很高。乌鲁克文化和捷姆迭特·那色文化时期的石雕体现了美索不达米亚艺术形体浑圆敦厚的特点，大理石女子头像具有造型准确协调之美。早王朝时期的一部分雕像，如阿斯马尔遗址的人像，有粗拙、程式化倾向，但另一部分作品，如阿格拉布遗址的女像、马里书吏伊比希雕像以及乌尔王陵中的动物塑像则栩栩如生。阿卡德王国的建立带来了艺术上的飞跃，阿卡德王的青铜头像在苏美尔石雕的基础上前进了一步，纳拉姆辛的沙岩浮雕在构图、人体造型等方面也远超过安那吐姆鹫碑。圆筒印章上的浮雕以神话传说为题材，形成记事体。这种艺术在亚述帝国的描述战争和狩猎场面的宫廷浮雕中得到了进一步发展。乌尔第三王朝、伊新-拉尔沙时期以及古巴比伦时代在继承苏美尔-阿卡德艺术基础上，在造型、质感上又有创新。亚述艺术由于受南方影响，带有自己的特色，最出名的是宫廷浮雕。为了突出帝王的威严，人物刻画流于程式化，但在狮子等动物的表现上却有高超的水平。

文学 古代美索不达米亚的文学与其造型艺术一样，也是绚烂多彩的。文学作品主要有神话、史诗、赞美诗、哀歌、记事文、辩论文、箴言和谚语等形式。书写成文的神话作品最早见于公元前 2400 年左右。乌尔第三王朝、古巴比伦均为文学繁荣的时期，在亚述帝国时代则对苏美尔文学遗产进行了加工整理。苏美尔史诗同希腊荷马史诗有许多相似之处，题材多描写早期城邦的英雄人物，充满夸张、幻想和神话，叙述之中穿插对话，并使用繁多的修饰词。但苏美尔史诗还都是零散的故事，未能发展成联贯的长诗，人物描写比较粗略，故事结构松散无高潮，句子的韵律主要依靠有变化的重复来体现。最著名的史诗是描写乌鲁克城英雄吉尔伽美什经历的一系列故事。神话、史诗、赞美诗等文学作品是神庙与王宫中的产物，但从生活和民间文学中汲取了营养；箴言、谚语、辩论文等民间文学作品大量运用对比、比喻等手法，有浓厚的生活气息和较高的文学水平。　　　　　　（杨炽）

135

克里特文明和迈锡尼文明

公元前第3千纪末和前第2千纪分布于克里特岛及其周围地区以及希腊大陆的青铜时代文化。史称爱琴文明。

德国学者H.谢利曼、希腊学者C.特孙塔斯、英国学者A.J.伊文斯和A.J.B.韦斯等人在迈锡尼、克里特岛和爱琴海其他岛屿上进行的考古发掘，英国学者M.G.F.文特里斯对线形文字B的释读，极大地推动了世界各国学者对上述文明的研究。

克里特文明

青铜时代中、晚期文化。又称"米诺斯文明"（源于古代希腊神话中之克里特王米诺斯的名字）。地中海东部的克里特岛是古代爱琴文明的发源地，欧洲最早的古代文明中心。约公元前第3千纪末出现了青铜文化，公元前第2千纪初产生了欧洲最早的以克诺索斯为中心的奴隶占有制国家。克诺索斯位于克里特岛北部，这里最早的宫殿于公元前1900年左右兴建于新石器时代的居民点内。这个时期，政治、经济和社会组织得以发展，与东地中海沿岸的贸易频繁，与埃及、腓尼基、小亚细亚、西西里、意大利等地有广泛的联系。接着在法伊斯托斯、马利阿、扎克罗斯等地也都出现了宫殿。克诺索斯的宫殿后来毁于地震或战祸，旋又重建，而且更加雄伟。这是一个由多座两层以上楼房组成的完美建筑群，有专供举行祭祀的场所。公元前1500年左右，克诺索斯和法伊斯托斯等地的宫殿同时遭到破坏，有人认为是由于锡拉岛附近的

◇ 锡拉古城遗址中的羚羊壁画

◇ 克里特陶杯

火山爆发。公元前1450年左右，宫殿遭到人为破坏，可能是由于巴尔干半岛希腊人的入侵。从这时起希腊人成了克里特岛的主宰，并逐渐与当地原有居民融合，克里特文明亦随之结束。

克里特出土了包括著名的"蛋壳陶"等多种精美陶器，以及大量青铜武器、金器和宝石雕刻。克诺索斯的宫殿中有多幅形象生动、富有生活气息的彩色壁画。

公元前第2千纪初在克里特出现了象形文字。后来象形文字被简化，形成以线条表示轮廓的线形文字。早期的线形文字称为线形文字A，在克里特的许多器物上都有发现，不过迄今未能释读。公元前第2千纪中期希腊人入侵之后，出现了线形文字B，这是用来记录希腊文文书的，多写在泥版上。这种泥版文书在克里特岛仅见于克诺索斯。

迈锡尼文明

青铜时代晚期文化。分布于希腊大陆及爱琴海诸岛。因当时希腊最强的王国及其首都迈锡尼而得名。约公元前2000年左右，希腊人开始在巴尔干半岛南端定居。从公元前16世纪上半叶起逐渐形成一些奴隶占有制国家，出现了迈锡尼文明。在伯罗奔尼撒半岛的迈锡尼、梯林斯、皮洛斯，中部希腊的忒拜、奥尔霍迈诺斯、格拉斯和雅典，以及帖撒利亚的约尔科斯等地陆续出现过卫城、宫殿和规模宏大的圆顶墓；其中尤以迈锡尼的这类建筑最为雄伟，它的卫城入口是著名的狮子门。

在忒拜和迈锡尼都发现了线形文字B泥版文书，以皮洛斯出土最多。这些泥版文书大多出于公元前 13 世纪。每块上的文字，少的三四个，多则达百余，以简短者居多。线形文字 B 由三种符号组成，即表音符号、表意符号和计数符号。文书的内容基本上可以归结为财产目录，涉及劳动者的人数，牲畜和农产品的数量，土地的数量，祭品的多寡，武器数量等。这些材料在一定程度上有助于了解当时的经济、政治、宗教和社会结构，说明当时已存在奴隶占有制国家，自由民有贫富之别。

迈锡尼、梯林斯、皮洛斯等地出土的精美手工艺品、青铜武器、金器和陶器的风格受到克里特文明的强烈影响，尤

◇ 迈锡尼牛头形陶器

以迈锡尼文明早期的器物最为明显。但是，迈锡尼文明时期的物品形制和纹饰有自己鲜明的特色，壁画中战争题材占有重要位置。公元前 1400 年以后的一百多年内，迈锡尼文明各中心与地中海地区的许多地方有频繁的商业联系。

根据荷马史诗的记载以及其他传说，以迈锡尼国王为首的希腊诸邦军队曾与位于小亚细亚的特洛伊进行长达十年的战争。谢利曼开始的在特洛伊旧址进行的多年发掘说明，这里长期是一个文明中心。今多数学者认为，特洛伊战争可能发生于公元前 13 世纪下半叶或前 12 世纪上半叶。公元前 12 世纪起，迈锡尼文明渐趋衰落，宫殿、文字、国家相继消失，以至有关克里特文明和迈锡尼文明时期的许多国家的历史长期仅存于传说之中。至于迈锡尼文明衰落的原因，或曰由于内乱，或曰由于多利亚人入侵，或曰二者兼有。

克里特文明和迈锡尼文明对后来希腊历史的发展有很大影响。　　　　（廖学盛）

中国大百科全书·名家文库
（图文版）

中国历史

世界历史

中国哲学史

西方哲学史

策划编辑／赵　焱
责任编辑／赵　焱
封面设计／谭德毅

ISBN 978-7-5000-9304-6

定价：26.00 元